家有“问题孩子”怎么办

蒙谨◎著

朝華出版社

图书在版编目(CIP)数据

家有"问题孩子"怎么办/蒙谨著. —北京:朝华出版社,2012. 12
ISBN 978-7-5054-3339-7

Ⅰ.①家… Ⅱ.①蒙… Ⅲ.①问题儿童-家庭教育-研究
Ⅳ.①G78

中国版本图书馆 CIP 数据核字(2012)第 277911 号

家有"问题孩子"怎么办

作　　者　蒙　谨

选题策划　杨　彬　王　磊
责任编辑　张世昌
责任印制　张文东
封面设计　荆棘设计

出版发行　朝华出版社
社　　址　北京市西城区百万庄大街 24 号　　邮政编码　100037
订购电话　(010)68413840　68996050
传　　真　(010)88415258(发行部)
联系版权　j-yn@163. com
网　　址　www. blossompress. com. cn
印　　刷　北京海石通印刷有限公司
经　　销　全国新华书店
开　　本　787mm×1092mm　1/16　　字　　数　220 千字
印　　张　17. 5
版　　次　2013 年 1 月第 1 版　2013 年 1 月第 1 次印刷
装　　别　平
书　　号　ISNB 978-7-5054-3339-7
定　　价　32. 00 元

序言

“问题孩子”真的有“问题”吗？

家有“问题孩子”，对每个父母来说都是一本难念的经。自己的孩子有一堆“问题”，想必父母一定会觉得疲惫、无奈和无助。

为什么会有“问题孩子”？为什么孩子会有那么多“问题”？

简单地说，“问题孩子”来自“问题父母”“问题家庭”和“问题教育”，孩子的“问题”源于父母和家庭的“问题”，源于教育的错误。

在一次朋友聚会上，大家各自谈起了自己的孩子。

快言快语的刘姐说：“我儿子常跟一些不爱学习的孩子在一起，整天东游西逛、玩游戏、聊天，学习成绩不好，真让我失望呐。”

三十出头的莉莉听了刘姐的话，说：“刘姐，您就知足吧，谁不知道您儿子懂事、孝顺，将来肯定不会让您夫妻俩吃亏。”

其余几个朋友纷纷附和。

莉莉叹口气，继续说：“看看我闺女，还只是个小学生，就让我操碎了心，丢三落四、马虎、贪玩……唉，别提了，一堆的问题！”

其余朋友也都打开话了匣子，纷纷述说自己孩子身上的“问题”。

都说“孩子是自家的好”，不知在这些当妈妈的眼里，怎么会觉得自己的孩子总不如人家。

小齐说：“我儿子问题更多，不仅丢三落四，还迷恋网络游戏、电视。唉，现在的孩子真难教育，一个孩子就有这么多让人操心的问题，真累死了。”

小齐说完，大家齐刷刷看向一直没发言的我，我是这群人中唯一两个孩子的母亲，而且，在他们眼里，我也是很成功的妈妈。

听了她们的话，看着她们各异的表情，我笑了，淡淡地说：“其实，每个孩子都不是完美的，但每个孩子又都是可爱而美丽的，关键是我们做父母的如何看待他。”

顿了顿，我继续说：“就像我女儿小语，她聪明细致，有爱心，活泼可爱；但她也很叛逆，做事拖拉、没有计划性，这些在某些父母看来可能就是大问题。

“不过我觉得，父母爱孩子，应是爱孩子整个人，而不只是爱他的优点。

“没有孩子一点儿问题也没有，如果我们只关注孩子的问题，就会疲累不堪。如果我们接纳孩子身上存在的问题，尊重和爱孩子的生命本身，相信我们会体验到更多为人父母的快乐。”

的确，每个孩子都存在一些成人认为是“问题”的表现，但这并不阻碍孩子成为有价值、有丰满情感且成功的人，不妨碍孩子成为对人、对社会有益的人。

作为父母，或许会有这样的体会：养育孩子是件苦差事，在这个过程中，在孩子不同年龄段，总会出现这样那样的问题，让父母焦头烂额。

从前的一位同事曾向我抱怨说，她与女儿娇娇的相处，几乎每天都是让她身心俱疲的“战役”。

娇娇读小学五年级，有个性、叛逆、爱美。同事是中学教师，她告诉我，今年暑假，她“在家要比在学校上课辛苦100倍”，因为每天都要面对女儿的各种问题。

一天，我在同事家做客，我和同事谈话时，同事要求女儿去写暑假作业，女儿不从，玩起了电脑游戏，这件小事便激起了母女俩的一番激烈争论。

经过一番讨价还价，同事同意娇娇先玩一会儿游戏。

半小时后，娇娇还在玩游戏，同事一气之下关掉电脑，这下可点燃了娇娇的心头之火。

接下来很长时间，娇娇处处与妈妈对着干。妈妈要她去烧水，她不去；妈妈好心劝她看电视小点儿声音，她装作没听见；妈妈训斥她，她更大声地顶撞妈妈……

看着母女俩，我心想：真是一对冤家。

同事对我叹气说：“哎，这孩子真难管，这么多毛病，每天不让我生一肚子气她就不甘心，养个孩子真不容易。”

我心里苦笑。或许是当教师的她对自己的孩子有完美主义情结，容不得女儿有一点儿问题，可她的努力却没换来自己期望的结果。

事实上，孩子有问题很正常，教育孩子就是面对问题、解决问题的过程。所以，在家庭教育中，父母不要抱怨问题，而要学会面对问题，设法解决孩子的问题。

期望自己的孩子十全十美、没有“问题”，这当然是不可能的。所以，既然孩子的问题是不能避免的，父母何不试着接受孩子的“问题”，接受孩子的独特呢？

没有孩子一点儿问题也没有。父母要记住，孩子的问题本身不是问题，而如何面对孩子的问题才是问题。

其实，在我眼里，没有“问题孩子”、没有“坏孩子”，所有的孩子都是好孩子，只是他们好的一面没被父母挖掘出来，他们的“问题”却被父母用错误的方式给滋养了出来。

孩子天生是一张白纸，父母在上面涂抹什么，孩子的人生就会呈现什么。孩子生来是一块海绵，父母给孩子什么，孩子就会不加选择地吸收什么。

孩子生来没有是非观念，不知道正确和错误，如果父母不了解孩子成长的秘密，不了解孩子的成长规律和身心特点，不懂教育规律，就很容易在教育路上迷失方向，给孩子错误的引导，造就“问题孩子”。

基于太多父母面对“问题孩子”、面对孩子的种种“问题”时的无知、无助和无奈，便有了这本书。

书中所提出的教育难题，都是我在教育实践中接触的无数父母（包括我自己）教子时所面临的、所困惑的，感谢他们给了我很多启发和思考。希望书中的经验，也可以给彷徨困惑中的父母一些启迪。

目录
CONTENTS

第二章　孩子不能这样教，这样教孩子最容易出“问题”

第三章　这样转化“问题孩子”，效果立竿见影

第四章 擦掉德性污点，身教示范给孩子什么是对错

第五章 纠正出格行为，用赏识给予孩子“正”影响

第八章 扫平学习障碍，引导孩子爱学、乐学、会学

第九章 解决人际问题，帮助孩子成功地融入社会

第一章 如果你的孩子有问题，你一定要先自省

我的儿子有多动症
——“问题孩子”与孩子的“问题”

做父母的，千万不能想当然，主观臆断“问题孩子”和孩子的“问题”，要分清什么是“问题孩子”，什么是孩子的“问题”，分清孩子哪些问题须及早修正，哪些“问题”要淡然处之。

我一位中学同学的儿子彬彬，今年3岁，他精力旺盛，调皮好动，一天到晚闲不住，不停地研究这个、捣鼓那个，且总是“搞破坏”。

一次，我们几个同学聚餐。在整个聚餐过程中，彬彬没有一刻闲着，他到处跑，触摸、探索周围每一件物品。嘴里嚼着食物，他也不忘不断拉开、拉合百叶窗帘，或抠墙皮、开门关门。

彬彬的爸爸妈妈轮番对他进行教育，一会儿严厉地呵斥他，一会儿强行把他摁在椅子上，一会儿又把他带离房间让他受罚……

可这都没能让彬彬“老实”一点儿，在爸爸狠狠地批评了他几句后，他生气地抓起地上的糖纸、瓜子壳等垃圾，扬到了餐桌上，落在了一些菜盘里。

所有的人都无心再吃饭，彬彬的爸爸妈妈都一脸尴尬，妈妈愤怒地呵斥儿子，爸爸忍不住对儿子动起了手。

我走上前，制止了彬彬的爸爸妈妈。

彬彬妈妈无奈地对我说：“老同学，你是搞教育的，你看我儿子还有救吗？这孩子总是好动，总是不能静下来。我曾带他去医院咨询过，可精神科医生说孩子没问题，但我总觉得他有多动症……”

原来，彬彬妈妈认为儿子的表现是多动症，并为此苦恼不已。我不禁苦笑，然后对彬彬妈妈说：“你儿子不是多动症，你看他动作很协调，注意力也没问题。多动症是指活动过度，常伴有注意涣散、动作不协调等问题。你儿子只不过是精力旺盛、好动、好奇心强而已，可不要给孩子乱扣帽子啊。”

生活中有很多这样的父母，因为孩子有某些“问题”，就认定孩子是“问题孩子”，或把孩子的正常表现也定性为是“问题”，而采取不当的方式对待孩子，这是要不得的。

☆ ☆ ☆ ☆ ☆

在我老家有个女孩，她爸爸妈妈的脾气都不好，对她非常严厉、苛刻。尤其是爸爸，脾气很火爆，女孩若不听话或做事不符合他的要求，他就会大声呵斥、恐吓女孩。

为此，女孩非常惧怕自己的爸爸妈妈，被他们批评不敢声辩、不敢哭，自己有要求也不敢提，爸爸妈妈要她干什么，她就乖乖地去干什么，从不给他们惹麻烦。

在爸爸妈妈的管教下，这个读小学的女孩看上去非常安静、隐忍、乖顺，总是一个人静静地看书、做事或玩耍，很少和其他人发生矛盾。

而女孩的爸爸妈妈也为自己管教女孩的“成果”而自鸣得意，当别人谈起这个女孩时，他们的眼神和口气中，似乎总流露出自豪，“瞧，我们把孩子调教得多么听话！哪像你们的孩子，不听话。”

的确，这个女孩出奇得乖顺，从不麻烦爸爸妈妈和其他人，这让爸爸妈妈觉得管教这个孩子非常省心。

但是，我却很为这个女孩担心。她的爸爸妈妈只看到了女孩表面上的乖顺，却没意识到女孩这种表现其实是一个问题。女孩为了讨好他们而压抑自己的感受和需求，这是一种不健康的行为表现。

孩子不敢表达自己，不敢要求自己想要的，不敢在父母面前释放自己的内心情绪，这样压抑久了，孩子很可能会成为“问题孩子”。

这是做父母的最大禁忌：为了省却自己的麻烦，而无形地压抑孩子的个性需求，压抑孩子的情绪感受，却不知道自己的做法会对孩子造成很大的身心伤害，不知道自己是在培养一个“问题孩子”。

☆ ☆ ☆ ☆ ☆

一次，我带小语去公园玩时，遇见一个3岁多的男孩和他的奶奶。男孩拿一把小铁铲在玩沙土，奶奶在一旁看着他。男孩的铁铲是把新铁铲，尖部比较锋利。

一会儿，奶奶拿出水瓶要男孩喝水，男孩不喝。奶奶再次把水瓶伸到男孩嘴边，男孩就生气了，抓起水瓶狠狠地砸向奶奶。

水瓶砸到奶奶的胳膊上，然后掉到了地上，里面的水洒了一地。

奶奶无奈地摇摇头，捡起瓶子，走开了。

又过了一会儿，奶奶拿出樱桃给男孩吃。大概男孩正玩得高兴，被奶奶打搅，他很不高兴，就使劲推了奶奶一下。男孩力气真大，奶奶一个趔趄，向后倒退了几步，险些摔倒。

接着，男孩大叫着，突然将手里的铁铲扔向奶奶。铁铲擦着奶奶的身体从一旁落到了地上，铁铲的尖部险些打到奶奶身上。

看到这一幕，我惊出一身冷汗，想必奶奶也吓得够呛。

可这时，奶奶只是不痛不痒地呵斥了男孩几句，然后她把铁铲捡起来，放到手里提着的一个袋子里。

我走上前和男孩的奶奶交谈，问她：“孙子这么任性，您为什么不严肃地管教他？”我担忧地告诉她，“孩子这样下去可不好，将来会出现很多问题。”

没想到，奶奶只是叹口气说：“哎，家里就他一个宝贝，不顺着他怎么行啊？孩子这样没事，大了或许就好了……”

奶奶告诉我，他们一家人无论什么事都依着孙子，孙子稍不如意就大哭大闹，搞得一家人甚至左邻右舍都不得安宁。即使这样，奶奶也认为：孩子大了就好了。

我无奈地苦笑：真是糊涂的奶奶！

树大未必自然直，孩子小时的坏习惯、坏行为、小问题，如果不及时改正和解决，就会酿成大问题，使孩子成为真正的问题孩子。到时候，父母哭都来不及。

☆　☆　☆　☆　☆

做父母的，千万不能想当然，要分清什么是“问题孩子”，什么是孩子的“问题”，分清孩子哪些问题须及早修正，哪些“问题”要淡然处之。

把有问题的孩子定性为“问题孩子”，漠视某些影响孩子成长的问题，或把孩子真正的问题视为正常表现，这些都是要避免的，因为这可能会给孩子的成长带来不利影响。

女儿开始学“坏”了
——“问题孩子”源于“问题家庭”

无论有过多少伤痛，离异的夫妻都要努力修复好自己的伤，尽可能将对孩子的伤害降到最小，尽可能给孩子健全的父爱和母爱。

我曾经看过这样一个访谈类电视节目，一个原本很优秀、聪明而美丽的女孩，由于爸爸妈妈的婚变而发生了翻天覆地的变化。

女孩的爸爸妈妈曾经有和谐的婚姻，他们夫妻恩爱，女孩也优秀、上进、懂事，一家人和和美美，过得很幸福。

后来，事业上小有所成的爸爸在工作中结识了一位漂亮女士，两人逐渐发展出了婚外情。尽管女孩的爸爸行动一直小心翼翼，几个月后，女孩的妈妈还是发现了丈夫的背叛。

好强的妈妈忍受不了这种屈辱，坚决要和丈夫离婚。而丈夫不住地忏悔，说自己是一时糊涂，坚决不离婚，誓死捍卫这个原本幸福的家。

因为丈夫这场婚外恋，夫妻双方已经伤痕累累。在妻子的坚持下，丈夫最后也被迫离了婚，一个家庭就这样破碎了。

自此，他们的女儿开始学“坏”了：逃学、吸烟、出入网吧、早恋……成了一个十足的“问题孩子”。为了解决孩子的这些“问题”，夫妻双方决定再次坐在一起，一起帮助女儿。

在节目演播室现场，当女孩流着泪说出了自己积压许久的心里话，爸爸妈妈尤其是爸爸才对自己以前的做法后悔莫及。

夫妻俩或许想不到，他们只为追求自己的“幸福快乐”，却给无辜的女儿带来了这么深重而且难以磨灭的伤害。

很多单亲家庭或不健全的家庭，常常会造就各种各样的“问题孩子”，给孩子带来永久的心灵伤害。

为此，父母都要积极维护好婚姻和家庭，哪怕是为了孩子，也要负责任地抵制婚外情的诱惑，尽可能地不要轻易离婚，而要设法给孩子一个完整的、健全的家。

☆ ☆ ☆ ☆ ☆

健全、幸福、和谐的家庭是孩子温暖的港湾，是孩子得以健康成长的重要保证，这是每一个年幼的孩子都渴望而需要的。

但现实中，离婚会成为某些家庭不可避免的难题。很多时候，夫妻间没有爱，却竭力维持家庭表面的完整，反而会给孩子带来更大的伤害。在很多名存实亡的家庭中，也很容易出现“问题孩子”。

这种情况下，父母维持家庭表面的完整反而可能对孩子不利，因为对孩子爱的健全比家庭形式的健全更重要。

在这方面，美国总统奥巴马的妈妈很值得学习。奥巴马的爸爸妈妈在他很小的时候就离婚了，妈妈安·邓纳姆独自带着奥巴马艰难地生活，而爸爸几乎没有对儿子尽过抚养责任。

跟许多离婚后的妈妈不同，安从不在儿子面前讲爸爸的坏话，从不将自己对丈夫的怨恨暴露在儿子面前。

相反，她每次和奥巴马谈起爸爸，说的都是爸爸的优点，她还告诉儿子，爸爸真的很爱他。

安总设法让儿子明白，他们三个人有三个关系，结束的只是爸爸和妈妈的关系，而父子关系和母子关系并不会受到影响，爸爸妈妈还会一如既往地爱他。

安也告诉丈夫，她不会阻碍他和儿子的关系，而是鼓励他们彼此相爱。

对有些已经离异的夫妻，做到这一点或许比较难，因为情感的伤痕至深、至久，可能很难做到对对方的包容，甚至有时会将自己的伤痛和怨恨无意识地发泄在孩子身上。

但无论有过多少伤痛，离异的夫妻都要努力修复好自己的伤，尽可能将对孩子的伤害降到最小，尽可能给孩子健全的父爱和母爱。

而且，父母还要告诉孩子，离婚是父母的事，不是孩子的原因，不要让幼小的孩子背负父母失败婚姻的强大压力，这对于维持父亲或母亲与孩子的关系都很重要。

☆ ☆ ☆ ☆ ☆

即使在健全的家庭，如果父爱或母亲缺席，也容易给孩子造成很多问题。

丽丽是我一个远房亲戚的女儿，她有一个大她两岁的姐姐，小她两岁的弟弟。

家在农村的亲戚一家很想有个儿子，所以在发现第二胎仍是女孩后，为了逃避计划生育，就在丽丽很小的时候将她偷偷送到一位亲戚家，这样才生下了弟弟。

直到丽丽 8 岁，爸爸妈妈才将丽丽接回自己家。

在此前 8 年的时间里，爸爸妈妈经常去亲戚家看望丽丽，丽丽也知道他们就是自己的亲生父母。但一直以来，丽丽跟爸爸妈妈的关系很不好，她也成了他们眼中的“问题孩子”。

回到自己家后，丽丽的问题更加突出，她平时不敢大声说话，吃饭时也畏畏缩缩，每次和姐姐或弟弟发生矛盾，或被父母批评后，她就偷偷地砸坏、摔坏家里的东西。收音机、录音机、暖瓶、碗碟……都是她的发泄之物。

丽丽在家如此，在外也是这样，胆小、怯懦，却常常趁人不备破坏周围的事物。

有一次，丽丽在和邻居家的孩子发生矛盾后，将邻居种在墙外的丝瓜、葫芦、南瓜等全部拔掉了，妈妈给邻居说尽了好话，还赔了邻居几十元钱才了事。

事实上，我能理解丽丽的举动，虽然她有健全的家庭，但这个家庭不属于她，她的父爱和母爱都缺失了，这对她是一个很大的创伤，她很多不合常理的表现都是在表达这种愤怒。

为了孩子的健康成长，无论有什么原因或难处，父母也要尽量让孩子在自己身边生活，不可让父爱、母爱缺席，不要让父母都健在的孩子成为“孤儿”。

☆ ☆ ☆ ☆ ☆

家是孩子赖以生存的最重要的环境。父母间的关系、父亲和孩子的关系、母亲和孩子的关系，是形成和谐稳定家庭的基本关系。任何一种关系出现问题，家庭就会出现问题，也容易产生“问题孩子”。

家有“问题孩子”，父母先不要急于解决孩子的“问题”，而要先看看家庭本身是否出了问题，先解决家庭的问题，孩子的“问题”很容易就解决了。

她们母女俩都是小偷
——"问题父母"造就"问题孩子"

父母的言行是孩子的行为样板，孩子的很多不良行为，常常是从父母身上模仿来的。所以，为避免孩子有不良言行，避免孩子成为"问题孩子"，父母首先要端正自己的言行。

在我的老家，邻居有一个女儿叫欣欣，和我同龄。在我小时候，欣欣已经是周围人人都知道的小偷，虽然她是个女孩子，但做起偷偷摸摸的事情来却很顺手。

欣欣偷别人家的东西有很多次了。有时，她到别人的庄稼地里去偷玉米、地瓜、黄瓜、西红柿等，有时到别人家去玩，趁人不注意偷拿人家的各种小东西。

那是一个上午，村里来了一位售卖各种针头线脑之类小东西的妇女。有几个人围上去挑选自己需要的东西，我和欣欣，还有另外一个孩子也凑了上去。

趁卖主跟人商议价钱的时候，我发现欣欣从一个大人身旁悄悄把手伸向了那位妇女的货架，并抓了几个漂亮的发卡攥在手里。

正当欣欣将手放进兜里的时候，卖主发现了她的举动，一把抓住了她，大喊着："这是谁家的孩子？怎么偷东西呢？拿出来，拿出来。"

欣欣挣脱了妇女的手，扔掉发卡，跑远了。而那个妇女还在骂骂咧咧，引来很多村民观看。

卖东西的妇女走后，我听到几个村民开始议论纷纷，都是关于欣欣和她妈妈的。

原来，有几个人已经发现了欣欣和她妈妈偷东西的行为。从那以后，很多人都开始称她们母女俩为“小偷”，也不再喜欢他们一家。

我想，小小年纪的欣欣有这样的行为，跟她妈妈的做法不无关系。

父母的言行是孩子的行为样板，孩子的很多不良行为，常常是从父母身上模仿来的。所以，为避免孩子有不良言行，避免孩子成为“问题孩子”，父母首先要端正自己的言行。

☆　☆　☆　☆　☆

我有一个大学同学，她一直以来都非常优秀，在学校时是个好学生，多才多艺，组织能力强，善良热情，是优秀的学生干部。

参加工作之后，同学业务上也非常出色。如今，她已是一家外企的业务总监，而且是下属非常爱戴的领导。

可是，如此成功、优秀的她，却有一个“不成器”的儿子。

同学的儿子比小语小一岁，整天贪玩，不学习，还经常与几个社会上的小混混混在一起，吸烟、喝酒、打群架。

一次，与同学聊天，谈到自己的儿子，她无奈地说：“我的同事都知道我儿子的情况。我事业上算是比较成功的，为什么生了这么一个不成器的儿子？这真是讽刺啊。”

看着不住摇头叹息的同学，我没有马上答话。

“看看你一儿一女，两个孩子都这么懂事、优秀，我就一个孩子，怎么就这么失败呢？我觉得你天生就是当妈妈的料，而我不是。”

其实，我知道，同学喜欢像对待下属那样对待自己的儿子，这自然是行不通的，因为儿子并不是她的下属。

想到这里，我温和地对同学说：“其实，我也不是天生就会做妈妈。从孩子一出生，我就每天都在学习如何当一个好妈妈。”

“当妈妈还要学习啊?”

我心里苦笑同学的“无知”，嘴上说：“当然啊，谁也不是天生就会当妈啊，要做好妈妈，必须从当妈妈的第一天开始，就不断地学习。”

同学沉默不语。

的确，没有人天生会当父母，要做好父母，就必须不断学习，不能凭自以为是的经验教育孩子。否则，父母可能会由于自己的“无知”而造就一个问题孩子。

☆　☆　☆　☆　☆

“夜百合”是我所在的一个亲子交流群里的常客，她是一位13岁女孩的妈妈，是一位家庭主妇。

在群里，“夜百合”是发言最多的一位网友，她似乎总有时间在线聊天，内容多是谈论自己和女儿的问题，也常常跟人抱怨生活中的烦心事。

从“夜百合”的话语中，我判断出，她是个消极悲观、慵懒懈怠、没有追求的妈妈。

一天，“夜百合”又开始跟群里的朋友抱怨养育女儿的辛苦，指责女儿的种种问题。

“我女儿真让我操心死了，她回到家基本不学习，整天就知道上网玩游戏、和同学聊天，我每次都催促她很多遍，她才去写作业，还老埋怨这埋怨那，哎，累死我了……”

看到“夜百合”的话，一个网名叫“石头”、说话很直接的男士马上回话说：“哈哈，这不说的你自己吗?你不也整天上网聊天，还抱怨这抱怨那?”

“夜百合”马上反驳说：“我有什么办法，是老公不让我上班，要我在家照顾他们父女俩的，我不工作，生活很无聊，都是我老公惹的祸。”

另一个网友插话说："难怪你女儿会这样，真是有其母必有其女。"

"夜百合"似乎有些生气，"哼，你们幸运，生了个听话的孩子，我要是也生一个那样的乖孩子，就省心多了。你们真是站着说话不腰疼。"

没有人再说话，一场讨论不欢而散，而我也始终没有说话。我不知道，对于这样一个总是看到别人的问题，而看不到自己的问题的妈妈，我该怎么劝导她。

孩子出现问题，很多父母只习惯于责怪孩子、抱怨环境或他人，却不从自己身上找原因，殊不知，孩子的问题常常来源于自己。

☆ ☆ ☆ ☆ ☆

有什么样的父母就会有什么样的孩子，好父母成就好孩子，问题父母造就"问题孩子"。父母要认识到这一点，发现孩子的问题，要学会先检讨自己，而不是只指责孩子。

发现自己的问题后，父母要设法解决问题，不断修正自己的言行，为孩子做出好榜样，并持续学习如何做一个好父母，避免自身的问题影响到孩子。

这孩子太叛逆
——错误的教育观念让孩子出问题

认为"学习好，一好百好"，只关注孩子的学习而不顾其他，这种观念和做法早已过时，不利于孩子成长，父母要摈弃这种观念和做法。

路斌是一个初二男孩，他原本比较听话、学习成绩也不错。可最近，路斌妈妈告诉我，儿子变得非常叛逆。

儿子的变化让妈妈很惊慌，她担心儿子成为别人眼中的"问题孩子"。

一天，路斌妈妈在小区里遇到我，讲起了儿子的情况，担忧地问我该怎么教育他。

通过路斌妈妈的讲述，我得知她很重视儿子的学习，儿子每天除了完成老师布置的作业，妈妈还给他布置家庭作业，并给他报了两个辅导班。

路斌喜欢踢球，以前他几乎每天都要踢球。但妈妈考虑到快要中考了，就限制儿子踢球，要求他只能在周末时踢一个小时。

但就这一小时的踢球时间，路斌也常不能完全被满足，因为，妈妈规定他必须在完成所有作业和学习任务后，才能踢球。

不仅如此，妈妈还给他定下如下目标：初二学年期末考试考到班级前五名，初三也必须每次都考到班级前五名。

听了路斌妈妈的讲述，我问："你听说过徐力吗？"

我说的是前些年，浙江的一个高中男孩徐力，因不堪妈妈逼迫学习、不堪过重的学习压力，而将妈妈杀害了。

“我儿子还不至于成为徐力那样的孩子，我觉得孩子就要一心学习，只要学习好了，就什么问题都解决了。现在竞争这么激烈，我特别能理解徐力的妈妈。”

“难道就让孩子成为只会读书，只会考试的书呆子？”

“万般皆下品，唯有读书高。”路斌妈妈说。

我无语，徐力事件似乎并不能让她领悟到什么。最后，我还是耐着性子说：“要想你儿子不再这么叛逆，你就别再逼迫他学习，别再给他那么大的学习压力。”

认为“学习好，一好百好”，只关注孩子的学习而不顾其他，这种观念和做法早已过时，不利于孩子成长，父母要摈弃这种观念和做法。

☆ ☆ ☆ ☆ ☆

林磊是我以前的一个学生，初中毕业时，中考成绩较差的他决定上中专。

但在报考专业问题上，林磊和他爸爸产生了严重分歧。林磊想上自己喜欢的汽修专业，而爸爸想让他读电子专业。

父子俩解决不了分歧，就一起来到学校找我询问意见。

我问林磊的爸爸：“为什么一定让儿子读电子专业呢？”我知道林磊很喜欢汽车。

老实巴交、没多少文化的林磊爸爸说：“为什么？我就觉得电子专业好，汽修专业有什么好？整天弄得身上油乎乎的，还不赚钱。”

我笑了，对林磊爸爸说：“学汽修，不一定一辈子就修汽车啊，说不定林磊将来会成为汽车设计师呢。”

“是啊，学汽修有什么不好？学电子也可能不好就业呢。”林磊见我帮他说话，底气十足地对爸爸说。

“不行，你得听我的。”林磊爸爸严肃地说。

“凭什么啊？没理由啊。”林磊不满。

“理由就是，你是我儿子，你就得听我的。”看得出，林磊爸爸是个很专制的爸爸。

于是，我对林磊说：“林磊，你离开一下，我跟你爸爸单独谈谈。”林磊听话地走出我的办公室。

林磊离开后，我悄声问他爸爸：“你是觉得儿子不听你的话，很没面子？还是真觉得儿子一定要学电子才好？”

过了好一会儿，林磊爸爸才不好意思地说：“孩子最近很不听我的话，我很恼火。刚开始我是希望他学电子专业，但听您刚才讲了那些话，我觉得学汽修也没什么不好。”

“嗯，我觉得，您需要改变自己的观念，孩子不一定非要听父母的。如果孩子不对，父母是对的，孩子得听父母的。但您儿子现在没什么不对，他只是选择自己喜欢的，孩子选择喜欢的专业自己才能学得好。”

听了我的解释，林磊爸爸表示，会尊重儿子的想法和选择。

现代社会，孩子和父母的关系应是平等民主的关系，孩子不必一定听父母的。做父母的，要摈弃那些封建、过时的观念。

☆ ☆ ☆ ☆ ☆

小语读小学时，班里有个同学叫小东。小东的爸爸妈妈都是生意人，两人文化程度不高，就把所有的希望都寄托在儿子身上。

小东的爸爸妈妈整天忙于做生意，很少有时间照顾他。从小东小学一年级开始，他们就让小东独自上学、放学。

那几年，小东基本像个“野孩子”，每天都在外玩得灰头土脸，或衣服扯烂、身体“挂花”才回家。他也时常惹事，他妈妈也时常被“请”到学校。

据小语的班主任讲，小东妈妈每次因儿子犯错而被“请”到学校，妈妈都要责怪老师没有教育好她儿子。

在小语三年级时，我一次因事到小语学校去，正巧听到小语的班主任齐老师和小东妈妈的一场对话。

当时，小东妈妈气急败坏地对齐老师说："你们学校干什么吃的？怎么教育我儿子的？他怎么老惹事？"

很有涵养的齐老师耐住性子跟小东妈妈解释："您知道，可能我们的工作是有疏忽，但您也知道，教育孩子不光是学校的事，家长也要配合……"

没等齐老师说完，小东妈妈又说："我花钱把孩子交给你们，就是让你们好好教育他的，否则要你们老师干什么？"

齐老师快被小东妈妈的话激怒了，我走上前，温和地对小东妈妈说："大姐您冷静一下。我也是一位孩子家长，我认为，齐老师说得对，教育孩子不光是学校和老师的责任，我们做家长的也有很大责任，不能把所有的责任都推给学校和老师，毕竟老师顾不过来那么多孩子……"

见我说得诚恳，小东妈妈不再与齐老师争辩。

当前，仍有些父母会像小东妈妈一样，以为把孩子送到学校，自己就什么事都没有了，把教育的责任全部推给学校，这是不对的。

因为学校以教授孩子学习文化知识为主，其他方面的教育，如品德教育、个性培养等，仍以家庭教育为主，尤其是对低年级孩子。

☆ ☆ ☆ ☆ ☆

父母的教育观念决定着对孩子采取的教育方式，错误的教育观念使父母采取错误的教育方式，这必然使教育达不到应有的效果，甚至会教育出问题孩子。

要避免错误的教育观念在家庭教育中造成错误的结果，父母要学一些教育和心理学知识，了解哪些教育观念不利于孩子的成长、不符合教育规律，并设法摈除这些观念。

我儿子没有以前听话了
——错误的教育方式养出问题孩子

在父母的打骂下“成功”的孩子并非真正成功，反而常常以孩子的个性受到压抑和心灵创伤为代价，这会严重影响孩子以后的幸福生活和事业发展。

一位读者妈妈写信向我求助，她这样写道：

老师：

您好！我很苦恼，我儿子现在没有以前听话了。他在小学时，我每次要求他写作业、读书，他都乖乖地听从。

可他到了初中，每次我都催促很多次，他也不愿去学习。每当这时，我就苦口婆心地给他讲道理，可无论我讲多少遍，他就是不听，有时还跟我顶撞，真气死我了。

老师，您有什么办法吗？能让我儿子乖乖地学习、乖乖地听话吗？

看了这封信，我猜想这位妈妈可能只顾跟孩子讲道理，却不知道孩子为什么不愿学习、不愿意听她的话，她只是强迫孩子在行为上遵从她。

想到这里，我给这位妈妈回了一封短信：

苦恼的母亲：

您好！看得出，您很为儿子的不听话而着急。

我想，对初中孩子，父母只是讲道理是没用的，道理孩子都懂。如果父母每天晚上也加强业务学习或看其他书，给孩子做榜样，相信这比一百句说教、比一百个大道理都管用。

再说，孩子不愿学习，是不是有什么原因呢？比如学习压力大，没有学习兴趣，没有好的学习方法等，您可以和孩子用心交流一下，了解孩子不愿学习的原因，而不是一味地强迫他学习。

很多父母只习惯于对孩子一次次地说教或命令，很少想到用行动给孩子做好榜样，甚至自己说一套做一套。这会让孩子很反感，变得更加叛逆，故意不听从父母。

即使对孩子进行语言说教，父母也要掌握正确的方式，不能一味按照自己的观点强令孩子去做事，而要了解孩子的内心，了解孩子的真实想法，这样才能把话说到孩子心里去。

☆ ☆ ☆ ☆ ☆

我一位朋友的亲戚，曾就孩子的问题向我求助。他有一个儿子，调皮、叛逆，几乎是被打着长大的。

如今，这个已经14岁的男孩常常和爸爸妈妈对抗，每次爸爸妈妈批评他或动手打了他，他都要回骂他们，或还手打他们。

有一次，孩子因考试成绩不好，遭到了爸爸的巴掌和妈妈的臭骂，孩子就将爸爸的假牙打落，然后把它扔到厕所里用水冲走了。

这让朋友的亲戚很苦恼。

“这么大的孩子您还打他？即使是小孩子，打骂也是不对的。他就是被你们打骂坏的。”我对朋友的亲戚说，心里想：孩子这个样子，还不是你们一手造成的啊！

“去年不是出了一本书，有一个企业家，他有四个很优秀的孩子，不都是被打出来的吗？他其中两个孩子还上了北大呢，我的孩子怎么就不行呢？”朋友的亲戚很迷惑地问我。

霎时，我无言以对。

我知道他说的那位企业家，“打”出了两个北大学生。的确，他教育孩子的方式就是打。

但这位企业家的做法一直备受争议，他的儿女看起来很优秀，但我想，孩子的心灵和人格难免会因此留下伤痕，会不会在成年后出现问题也难说，而且他们的“优秀”也不能单纯地归结是“打出来”的。

比如，这位企业家始终不放松对孩子进行传统文化和礼仪的教育，注重和孩子的情感交流，而他本身也非常优秀，在孩子心中比较有权威。这些，都可能影响孩子的成才。

我跟朋友的亲戚讲了我的看法，然后说：“无论如何，我不主张打骂孩子，因为这会让孩子感到父母不尊重他，会伤害孩子的自尊心。如果父母和孩子的感情交流不好，打骂就更容易伤害孩子。”

尽管有打骂孩子“成功”的案例，我仍坚持父母绝不要打骂孩子。更何况，在父母的打骂下“成功”的孩子并非真正成功，反而常常以孩子的个性受到压抑和心灵创伤为代价，这会严重影响孩子以后的幸福生活和事业发展。

☆　☆　☆　☆　☆

当然，还有很多错误的教育方式可能导致孩子出现问题，如过多批评指责会让孩子自卑、怯懦，溺爱可让孩子无法自理自立，不让孩子承受挫折会使孩子得“精神软骨症”。

而下面这对父母的做法也需引起父母的重视，要避免总给孩子“赢”的机会，否则，容易不能使孩子勇敢地面对“输”。

蓝蓝是我认识的一个一年级女孩，她很聪明、优秀，但经不住别人的批评，不能忍受自己在任何方面输给别人。否则，蓝蓝就会哭闹，破坏物品，甚至打人。

我想，这跟蓝蓝接受的教育有很大关系。据我了解，蓝蓝的爸爸妈妈总是盲目地赞赏女儿，在任何游戏或比赛中，他们总设法让女儿“赢”。

蓝蓝爸爸妈妈的目的是培养女儿的自信心，但他们的做法并不是实事求是地赞美她，也常常无原则地故意“输”给女儿。这让蓝蓝习惯了表扬，习惯了成功，而不能面对批评和失败。

蓝蓝喜欢和爸爸下跳棋，每次下棋，爸爸总在某个时候让女儿一步，所以每次都是蓝蓝赢。这让蓝蓝觉得，她下棋很棒，而爸爸总不如她。

每次蓝蓝赢了，她都会高兴得大笑大叫，蹦蹦跳跳，非常开心。在下棋的过程中，蓝蓝也总以挑爸爸的错为乐。

有一次，父女俩又下棋，蓝蓝爸爸几乎没有让她，最后爸爸赢了。蓝蓝不干了，开始冲爸爸发脾气，将跳棋扔得满地都是，还要求爸爸一定要承认自己“犯规了”。

这次小小的“失败”让女儿反应如此激烈，蓝蓝的爸爸妈妈觉得这样下去对女儿或许不利，他们这才意识到，总表扬女儿、总“输给”女儿，其实是不对的。

我们提倡对孩子进行赏识教育，但并非无原则地赏识，并非不让孩子感受“失败”。

正确的做法是，父母要坚持正面教育，坚持实事求是的赏识，也要让孩子面对自己的不足和“失败”，让孩子体验“失败”的滋味，以及学会如何面对“失败”。

☆ ☆ ☆ ☆ ☆

有效的家庭教育需要正确的方法，正确的教育方法有利于孩子的成长；反之，错误的教育方法则会教育出“问题孩子”。

孩子很多“问题”，都可能跟父母错误的教育方式有关。很多父母常常只看到孩子的“问题”，却不知孩子的“问题”是自己错误的教育方式造成的。因而，面对孩子的“问题”，父母要自省是否自己的教育方式有误。

孩子怎么营养不良
——溺爱会扼杀孩子的成长

父母爱孩子，就应该根据孩子的实际能力，给孩子一个合理的期望值。这样孩子不仅能轻易地达到目标，体验到成功的快乐，还不会背负太大的压力，这才是爱孩子的正确方式。

父母爱孩子，不管自己挣钱多么辛苦，都尽力去满足孩子的要求。父母给孩子的爱太多，希望孩子能茁壮成长，但结果有可能适得其反。

我朋友的儿子乐乐，已经10岁了，身体还是很瘦弱，总感觉到疲惫，精力不济。朋友以为儿子得了什么病，就带着乐乐到医院做了检查，经检查确诊：孩子营养不良。

朋友听了，不解地问："我给孩子买了很多零食，他每天吃得也不少，怎么会营养不良？"

医生笑着问："平常孩子一日三餐吃得多吗？"

朋友怔了一下说："孩子平时饿了就吃零食，正餐时很少吃饭。不过，我给他买的都是那些有营养的食品、饮料，每次孩子也吃得不少，我想孩子不应该营养不良啊！"

医生听了，摇摇头劝说朋友："以后，你不要给孩子再买那么多零食了，最好杜绝他吃零食。孩子饿着肚了，到了吃饭时间，自然就吃得多了。

同时，你要注意一下饭菜的营养搭配，并做得美味一些，不久之后，你孩子的身体就会强壮起来。"

旁边的乐乐听了，朝医生撇了撇嘴，神情里显示出对医生所给的这个建议的反感。

而朋友为了儿子的身体健康，再也不敢像以前那样溺爱孩子了。回家之后，她收起了儿子的各种零食，按照医生的建议，变着花样给儿子做饭吃。一段时间之后，乐乐的身体长胖了，也精神了许多。

因为爱孩子，孩子要什么零食父母都给买，孩子平常饿了吃零食，正餐时就不再吃饭，或者吃得很少，有可能就会营养不良。

为了孩子的身体健康，父母对孩子这种方式的爱，还是减少一些比较好。

☆ ☆ ☆ ☆ ☆

朋友给予儿子的爱太多，不仅只在零食上，还体现在生活方面，她什么也不让儿子做。

有一次，我去朋友家玩，当时她正在洗澡，是乐乐给我开的门。进屋之后，乐乐让我坐一下，自己去了厨房。

我听到厨房有“噗、噗”的声音，也朝厨房走去，刚到门口，就见乐乐站在炉灶前，看着烧开的一壶水急得如热锅上的蚂蚁，一会儿伸手，一会儿缩手。

“乐乐，水开了，把火关上啊。”我急忙喊。

“阿姨，我不会关啊！”我听了，大吃一惊。同时，快步走上前，关上火，把开水倒入暖瓶里。

正在这时候，朋友从浴室里出来了，看到我笑着说：“唉呀，我算计着烧水的时间，还是出来晚了点儿，幸亏你来得及时啊！”

“乐乐都10岁了，你怎么不教他学着做这些事情？”我想着女儿小语4岁时就知道怎么关煤气灶了，有些困惑地问朋友。

“嗨，没想过让孩子做这些事。”朋友一边擦头发，一边满不在乎地说。

“你这样做，哪天你和爱人出门，孩子有可能饭都吃不到嘴里，连开水都没的喝！”我有些情绪激动地说。

朋友停住手，认真地想了一下说：“你说得对，我以前总想着什么都替孩子做好，不让他受累，可是这样一来，孩子什么都不会，以后再也不能这样下去了。”

“妈妈，其实我自己也想做，你以后就多教我吧。”乐乐不知道什么时候走到了朋友身边，接过她的话说。

听了乐乐这话，我和朋友相视而笑。

父母爱孩子过多，不让他做一点家务活，那么孩子就什么都不会，离开了父母就无法生存，这样会让孩子今后遇到的挫折更多，有可能还会因此导致他产生自卑心理，毁了孩子的一生。

☆ ☆ ☆ ☆ ☆

父母因为苛求孩子完美，并因此经常拿孩子与别人不当攀比，往往会得不偿失。

一天，我和小区的李大姐聊天，她说：“小波这孩子，逆反心理越来越严重。”接着，她就给我讲起了下面的这件事情。

小波学校开运动会的时候，他报名参加了一百米的短跑，得了第三名。

虽然名次不很靠前，但小波对这个成绩比较满意。他回家之后，开心地把这个好消息告诉了李大姐。

这样的消息，对于李大姐来说，并不算是什么好消息，因为她希望小波能拿第一或者第二，就问他第一名和第二名分别是谁，小波虽然有些困惑，还是告诉了她。

“他们怎么能拿第一、第二，而你却只跑了第三名？下次一定要超过他们！”李大姐听后，想激励小波，就这样对孩子说。

没想到，小波不高兴了，大声说：“他俩的成绩还不如我的好呢！有你这么比较的吗？哪方面都希望我比别人强！”说完这话，小波转身就离开了。

李大姐讲完了这件事情，长长地叹了口气说："唉！孩子越大越难管教了！"

听到这里，我陷入了沉思：李大姐因为苛求孩子完美，拿他随便与人比较，希望孩子方方面面都比别人好，这种错爱孩子的方式，孩子怎会不产生逆反心理？

父母爱孩子，就应该根据孩子的实际能力，给孩子一个合理的期望值，这样孩子更能轻易地达到目标，体验到成功的快乐，还不会背负太大的压力，这才是爱孩子的正确方式。

☆ ☆ ☆ ☆ ☆

父母都爱孩子，都渴望他能出人头地、快乐幸福。但是，如果父母给的爱太多，孩子的要求都满足，所有的家务都不让孩子做，这样孩子不但会变得懒惰，将来遇到的挫折还会更多。

父母因为太爱孩子，对孩子期望过高，整天唠叨孩子，这样爱孩子的方式，要求孩子做到完善，会让孩子厌烦，心理压力也会增大，有可能导致孩子失去自信，结果不仅不能实现父母的愿望，还会因此毁了孩子。

孩子不服管教
——把孩子扔给长辈或学校易出问题

不到万不得已，不要让父母帮助带孩子。实在抽不开身，也要告诉老人，要对孩子严加管教，同时尽量抽时间多陪伴孩子，这样不仅能增进自己和孩子的亲情关系，还能避免孩子出问题。

一天，我正在咨询室整理材料，一个3岁孩子的妈妈给我打来电话，她焦虑地说："老师，我的孩子今年3岁，因为前段时间我工作忙，把孩子送给他爷爷奶奶带。没想到刚过两个月，孩子变得不仅任性，还爱骂人，一点儿都不服管教，我该怎么办才好？"

我听后，清楚孩子身上的这些问题是爷爷奶奶娇惯的缘故，好在这些问题还没有根深蒂固，改变起来比较容易。

于是，我安慰她说："别着急，孩子的问题还不是很严重。如果有可能，孩子还是自己带，有意识地纠正孩子任性和爱骂人的毛病，只要坚持下来，不久之后，孩子自然就会改变。"

那边沉默了一会儿，然后是坚定地说："老师，我决定辞掉工作，自己亲自带孩子，不能再让长辈因为娇惯而放任孩子了。谢谢你，有了好消息，我会打电话告诉你。"

说完这话，那边挂了电话。

大概过了两个月，这位有问题孩子的妈妈又给我打来了电话，她欣喜地说："老师，孩子现在不但改掉了任性的毛病，还学会了使用文明用语，真该谢谢你啊。"

我笑着回答："不客气，这是我应该做的事。"这时候，我听见那边有个孩子说："妈妈，把电话给我，让我也给阿姨说声'谢谢'，好吗？"

"好，来说吧。"那边的对话我听得清清楚楚。

接着，我就听到稚嫩的声音传到耳边："阿姨，谢谢你。有时间到我家里玩，我有好吃的给你。"

听着孩子这真心的话语，我立即回答："阿姨有时间，一定会去看你，好吗？"

"好，阿姨再见。"

放下电话，孩子的声音还久久地萦绕着耳边，我为他的转变欣喜。但是，这件事情却让我看到了隔辈教养的弊端。

老人对孩子，普遍会更加疼爱、娇惯，经常迁就孩子，对孩子说脏话的行为，也是一笑置之，有时候感觉好玩，还会诱导着孩子多说几遍。结果就导致孩子形成了任性的缺点、爱说脏话的毛病等。

不仅如此，孩子长时间和上辈人在一起，还容易丢掉父母和孩子之间的亲情。

不到万不得已，不要让父母帮助带孩子。实在抽不开身，也要告诉老人，对孩子严加管教，同时尽量抽时间多陪伴孩子，这样不仅能增进自己和孩子的亲情关系，还能避免孩子出问题。

☆ ☆ ☆ ☆ ☆

前天，晚饭后散步时，我看见同小区的一个熟人，带着女儿朝我走来。她的孩子大概 3 岁左右，活泼、漂亮，很讨人喜欢。

平时，女孩见了我，老远就会喊"阿姨"，但这次，母女俩走到我面前，小姑娘都没有吭声，她妈妈的脸色也比较凝重。

我感觉到异样，主动给她们打招呼："晚上好，带孩子出来散步呢。"听了我的问话，女孩的妈妈点了点了头，随即眼泪也跟着流了下来。

接着，她哭着对我说："前天，我爱人在外面出了点儿事，接到电话后，我就把孩子送到邻居家，让她帮忙照看。没有想到，回到家后，却发现女儿被开水烫伤了，孩子手上留下了永远消除不了的疤痕。"

"孩子怎么烫伤的呢？"我问。

"听孩子讲，她想喝水，邻居让她自己倒。孩子只有3岁，在家里从来没有自己倒过开水，结果把暖壶弄倒在地，又烫到了手。"

说完，女孩的妈妈举起女孩的右手让我看，女孩的整个右手都被白色的纱布包裹着。

听到这样的事情，我为这对母女痛心，安慰她们的同时，也为她们感到庆幸，好在孩子伤得并不是很严重。我想：有了这次教训，这位妈妈以后应该不会把孩子随便托付给别人照看了吧。

有时候，父母因为有紧急事情，容易把孩子托付给同事、朋友或者不相干的人照看。

一般情况下，父母让别人帮着照看孩子，别人不会有意加害，但不可否认，别人照顾其他孩子，肯定没有照顾自己的孩子用心，孩子出现意外的几率也就增高，有时候还会使孩子陷入危险的境地。

父母爱孩子，无论什么情况下，尽可能地亲自带着孩子。

☆ ☆ ☆ ☆ ☆

我不赞成把孩子交给长辈养育，也不苟同把孩子随便托付给别人，同时，让孩子上寄宿学校，也是我反对的事情。

孩子离开了父母，父母就很难掌握他的详细信息，比如孩子迷恋上网，学会了抽烟，和人打架等等，如果孩子不说，老师再不负责任，孩子学坏了，父母也不知道。

我有一个远房表姐，她的儿子小跃读初中的时候成绩很好，考了一所重点高中，因为离家远，就在学校住宿。

表姐希望孩子在重点高中努力学习，将来考一个好大学。没有想到，一学期过后，老师打来电话说小跃现在已经跟不上课堂教学，并建议他转校。

听到这个消息，表姐急忙赶到学校，才知道儿子上高中后，就迷恋上了网络，天天打游戏，荒废了学业。

表姐后悔莫及，只好带着儿子回家，让他转到了附近的普通高中。

孩子逐渐长大，但是心智还不成熟，自控能力差，外面的诱惑又多，把孩子放在寄宿学校，孩子很容易受到不良环境影响，走向歧途。

当然，并不是每个孩子都是这样，寄宿学校也有优势。如果孩子必须要寄宿，父母就要经常与孩子联系，及时了解孩子各方面的情况，避免孩子出现例子中类似的事情。

☆ ☆ ☆ ☆ ☆

爱孩子，就要尽可能地自己带孩子，一路陪伴孩子长大，不让父母的爱在孩子成长的任何阶段缺失。

同时，父母要随时掌握孩子的情况，及时做好引导工作。孩子在爱中长大，快乐的同时，才能更加健康地成长。否则，父母随便把孩子扔给别人照管，很容易出问题。

第二章

孩子不能这样教，这样教孩子最容易出“问题”

不要强迫孩子得第一
——期望过高会伤害孩子

对孩子期望过高，就是在拿孩子赌博，拿孩子的年龄赌博，拿孩子的短处赌博，最后伤害的永远是孩子。孩子是父母的挚爱，父母理应顺应他的成长需求，给他成长的自由。

当父母而立、不惑之后，甚至眼见知天命到来，慢慢就会失去奋斗力，不再给自己定目标，而是把目光瞄准下一代，让自己的孩子替自己争光。对于这样的父母，与其说爱孩子，还不如说更爱自己。

我有个阿姨，非常喜欢聊天。在我家暂住时，从她口中我知道她有个固定的聊天对象小王。小王曾经是一家公司的会计，不过因工作失误而被停职，成了专职家庭主妇。

小王经常抱怨，这个社会太不公平，有那么多人做错了事没人管，自己只不过在做账时打错了一个小数点，就落得如此下场。

阿姨心软，总是安慰她："乖孩子，你太倒霉了。如果你遇到的是我，就算公司有点儿小损失，我也不会这样责罚你的。谁还能不犯点儿错呢？"

这些话是小王和阿姨奠定友谊基础的话，所以不得不提。

但实际上，阿姨并不喜欢小王的粗心和冷漠，她只是需要一个聊天的伴儿。阿姨说完那话之后，一直觉得良心不安，于是就鼓励小王做点正事，别整天抱怨。

小王倒是很听话，很快就找到了一个奋斗目标，那就是监督女儿成为尖子生。小王知道我是老师，也是心理咨询师，就经常过来找阿姨聊天，想从阿姨那里得到一些教育经验。

阿姨立刻指导她："多高的要求就有多高的孩子，你得用高要求对待你的孩子。"

小王如获至宝，回家就逼着孩子学，我完全不知情。直到有一天，小王的女儿找上门来。

那是一个看上去很稳重的女孩，她条理清晰地告诉我："阿姨，我希望您不要再指导我妈妈教育方面的问题了。您指导的可能没有错，但是她的领悟能力稍差。她回家之后就逼着我做这做那，她要让我成为舞蹈家、钢琴家……"

我疑惑了，就说："你妈妈是谁啊？我没有教过任何人，教育孩子一定要成为什么什么家啊。"女孩说："可是我妈妈说她每天都来学习的。"

这时，阿姨说："我才是老师，傻闺女。"我们恍然大悟。

孩子不是父母的面子，父母可以给孩子投资，但不要靠孩子的出人头地来满足自己的虚荣心，那样只会给孩子压力，把孩子当成自己的奴隶，让孩子永远走不出去。

☆ ☆ ☆ ☆ ☆

严兴利和孙洪波都不是尖子生，但就我的教学发现，他俩的潜力都很大，严兴利的思维方式富有逻辑性，而孙洪波的创新能力很强。两个学生的妈妈却更希望从成绩上看出孩子的能力。

严兴利和孙洪波曾经是一对"互助组"（结对子学习小组），我的意图就是让他俩各自发挥特长。但两位妈妈却会错了意，让儿子和对方攀比成绩。

他俩在严兴利家学习时，严妈妈会看孙洪波的作业评分，如果高于自己的儿子，回头就会狠狠"敲打"自己的儿子。而孙洪波的妈妈也会如此。

一段时间内，严兴利和孙洪波的成绩都得到了有效的提高。

我不明所以，就夸奖了这对学习组。

这助长了两位妈妈的错误，她们同时提出了让孩子争取拿第一名的要求。但两个孩子玩心很重，根本就无意于第一名。所以他们很快就结成了“反抗联盟”。

这个反抗联盟的唯一好处就是可以互抄作业。两位妈妈从作业上看不出高低，就开始不停给我打电话，问孩子名次。

那段时间，严兴利和孙洪波的成绩都有所下降。我很疑惑，就问两位妈妈孩子的作业情况，并调查了他们的互助学习情况。

当我知道事情的来龙去脉后，真是哭笑不得。我只好告诉两位妈妈：“不要强迫孩子得第一，要知道，这两个孩子不得第一，前途也是不可限量的。”

在名次上过度要求孩子，只会让孩子产生压力、反抗，不利于提高孩子的上进心。而且就名次来说，那可能是一种“实用”的评价方法，却是最糟糕的教育方法。

☆ ☆ ☆ ☆ ☆

我的同事王老师现在已经退休了，记得在送别会上，他劝诫我们：“我一直要求我的孩子做到最好的，我不允许他们犯错，一旦犯错，我就会给予重罚，让他们产生畏惧心理。你们当中或许也有人认为这样的做法是正确的。”

他认真地看着我们，继续说：“可是我的大女儿上大学之后得了神经病，因为高考压力太大；我的二女儿成了宅女，不喜欢和人交际。

前几天，我的小儿子因为和人打架进了监狱，他以前是个乖孩子。在孩子小的时候，别逼着孩子完美，否则会毁了孩子。”

世界上没有完美的东西，也没有完美的人，更没有完美的孩子。犯错、闯祸是人生的必然，而不是污点。给孩子犯错的权利，只要不出大格，反而能助力他的成长。

☆ ☆ ☆ ☆ ☆

父母总是认为自己有责任让孩子变得更优秀，却没有想过给孩子卑微普通的权利，也不愿意让孩子徘徊在犯错的边缘。

父母约束孩子，否定错误，给孩子提出很高的期望值，这样做的结果很少能给孩子幸福和快乐，当然，更不能给孩子成功。

孩子不是父母的投资物
——非理性的爱会创造"问题孩子"

爱孩子，不是可以束缚孩子的理由，无私的爱是不需要回报的，需要回报的爱，给受者的就是负担。孩子喜欢爱，却不喜欢负担。

我经常听到一些父母这么说："我那么疼你，你怎么就不能体谅一下妈妈呢？""我为你付出了那么多，你怎么这么不争气？"

有一个少年犯曾经这样说："这世界上所有的人都喜欢优秀的人，父母也不例外。如果你不优秀，他们就认为自己爱错了，不应该给你爱。"

从父母和孩子的这些语言里，我听出了爱的本质。

这个少年犯的父母，自从孩子进少教所后，一年之内就去过一次，很难说这是爱孩子的父母。

可是在这个孩子出事之前，少年犯的妈妈辞去工作，专心带孩子，而且爸爸还给孩子请了好几个家教，专门对孩子进行辅导。很难说这是不爱孩子的父母。

受少教所的委托，我曾经去找过这对父母。当我看到他们的样子的时候，我就决定原谅他们的"不爱"了。

我得到的信息是这对父母只有四十几岁。可是给我开门的女人满脸浮肿，眼圈黢黑，头发蓬乱；而进门后给我倒水的男人满头白发，说话颠三倒四。

这对夫妻就是少年的父母，他们说这一年内他们完全垮了。因为孩子的人生完了，他们的人生也跟着结束了。

我告诉他们："孩子的人生没有完，而是刚刚开始。你们的人生更需要重新盘点，应该找找自己的潜力，实现自我价值。"

那个妈妈马上就疯了似的站起来说："孩子是我的全部，我的人生价值就是培养孩子。可是我付出了那么多，孩子却动辄就离家出走，最后走到这步。我还有什么人生价值可言？"

我问这个妈妈："你爱孩子吗？"夫妻俩怒发冲冠一样，伸出手指着我说："你有孩子吗？你知道什么？"

我平静地告诉他们："如果你们真的爱孩子，那么在孩子出事后，就要多去看看他，多给他鼓励才是。"

这对夫妻同时长叹一声，"孩子对不起我俩，为了他，我们简直掏空了这个家。可他就是不争气，我们还看他干什么？"

"孩子是你们的投资物吗？你们付出，就是为了让孩子回报吗？而孩子出现错误，就把孩子推出去吗？"我言辞激烈，两个人不说话了。

平静了一下，我又说："孩子说，在家里感觉到压力很大，因为他觉得父母付出太多，他无以为报，就只好糟蹋自己。"

孩子不是父母的投资物，"我们今日的付出，是为了孩子明日的出人头地"。当孩子感觉到父母付出的越多，他的压力就会越大，对未来的恐惧就会越深。这很容易使他产生逃离欲望。

☆　☆　☆　☆　☆

我班上的李冉冉是一个"糊涂大王"，据她妈妈说，她每天都得丢点儿什么东西，铅笔、橡皮、红领巾，无一幸免；书本、衣服、作业本，总在更新。

我经常在放学的时候，听见李冉冉的妈妈问："今天又丢了什么？"在李冉冉嘟嘟囔囔了几句之后，马上就是尖利的斥责。

关于丢东西这件事，我曾经问过李冉冉。她说："我其实知道自己的错误，我在文具袋里写了一个纸条：我立志不丢东东。可我妈妈说我不懂事，说我不体谅她。我就很生气。我知道，妈妈给我买那些东西很辛苦，可是……”

这可是什么，李冉冉没有说出来，我接过她的话说：“可是你为什么不体谅我呢？我并不是因为不体谅你的付出而丢东西。我只是没有注意到，我绝对不是故意的。”

李冉冉听了，很兴奋地说：“就是这样，就是这样，我真的不是故意的！”

孩子都有潜在的反抗意识。当孩子犯了某个错误，父母采用扩大化的方式对其批评，从具体的事上升到感情、道德，那么犯错误的孩子就会产生反抗心理，继续犯错，屡教不改。

☆ ☆ ☆ ☆ ☆

我曾经就目前孩子的冷酷心理和一位儿童心理专家做过讨论。心理专家说：“孩子的冷漠是父母造成的。”

她说，有的孩子看到爸爸妈妈下班后很疲惫，很自然地去给爸爸妈妈倒杯水，捶捶背。但这时，一些爸爸妈妈就会说：“我不用你这么做，只要你学好，啥都有了。我们那么疼你，要的就是你学习好。”

我同意她的意见，我说：“没错，这样做，往往是父母越重视学习，孩子越讨厌学习。因为孩子觉得学习是为父母的爱而进行的，对学习的兴趣就没了，爱心也被剥夺了。”

心理专家说：“没错，孩子会想，看来我学习是为你们学的。你们给我吃喝，养我的目的也是为了让我给你们学习。”

父母别为爱开出条件，否则，会适得其反。即使孩子完成了父母的要求，也会变得冷漠，因为父母和孩子之间没有爱，只有交易。

☆ ☆ ☆ ☆ ☆

真正爱孩子，就不要用条件束缚孩子，不要用爱给孩子施加压力。不要说："我为你付出了那么多，你就应该怎样怎样……"不要说："我那么爱你，你却这么不争气。"爱孩子就是不管孩子怎样，都接纳孩子，但并不限制孩子的人生自由。

能不能让我决定
——父母教育不一致让孩子左右为难

父母都是一样爱自己的孩子，没有哪一个更多些，哪一个更少些，但由于立足点的不同，父母在教育孩子的时候，难免会有一些偏差，这时需要父母更多沟通，求同存异。

许多父母在家教过程中，喜欢“一个唱红脸，一个唱白脸”，因为教育孩子是双方共同的责任，双方各有分工，才能达到最大化的效益。

然而，也有一些父母没有做好沟通，让这种分工没有变成合作，导致了对孩子教育态度的不一致。

对小语的教育，我和小语爸爸也是分工合作。

我像小语的知心朋友一样，可以和她敞开心扉地谈心，分享她的小秘密。

而小语有一点儿怕爸爸，所以小语爸爸顺理成章成了那个唱红脸的。

我一直认为，对孩子的教育，需要父母之间默契的配合，不能双方各执一词，因此产生纠纷。

父母因为孩子的事情吵架，会让孩子也有很大的心理压力，也不利于父母在孩子心目中形象的树立。

记得有一次，小语的数学成绩不理想，我本来打算好好跟小语谈一谈，帮她找一找原因。

而小语爸爸听说了，不由分说数落了女儿一顿。我当时也觉得她爸爸有些急躁，但是当小语委屈地看向我，向我寻求帮助时，我“狠心”地没有理会，继续做我自己的事情。

过后，我等小语爸爸平静下来，对他说：“你是不是有点急躁了？没问清楚状况就对孩子数落一通。小语的班主任跟我说，这次数学测验卷的难度的确很大，整体成绩都不理想。”

小语爸爸也觉得自己有点冲动，于是主动去帮小语一块分析试卷上存在的问题。

☆ ☆ ☆ ☆ ☆

试想，如果我当时不由分说帮助小语说话，不但会让小语觉得更加委屈、反感爸爸的教育，也会让爸爸在女儿心目中的形象受到影响。

父母在面对孩子的教育问题时，由于所处的角度和立场不同，在教子过程中产生分歧是不可避免的。但是父母之间的信任、沟通、理解，对孩子的教育起到很重要的作用。

☆ ☆ ☆ ☆ ☆

有一段时间，同一楼层的小张家常常传出夫妻吵架的声音，后来我才知道，是因为他们的宝贝儿子小贝。

小贝今年上二年级，平时参加了很多课外辅导。

暑假到来，小贝的爸爸认为孩子平时很累，放暑假了就应该好好地放松，参加一些体育锻炼等；而妈妈认为，小贝应该趁着暑假时间，参加更多的辅导班。

就是为了这样的分歧，小张夫妇每天都会吵架，而小贝对爸爸妈妈的做法也很反感。

终于有一天，小贝忍不住对争吵的爸爸妈妈喊道：“你们能不能让我自己决定，我的假期该干些什么？”

毋庸置疑，父母都是为孩子着想的，生怕亏待了自己的孩子。

然而，父母在教育问题上的分歧，会给孩子的健康成长带来不利。

当父母产生矛盾和分歧的时候，何不蹲下来，听一听孩子的想法呢？

☆　☆　☆　☆　☆

我有个表弟，夫妻都是白领，每天工作压力非常大。表弟的孩子刚刚上小学三年级，由夫妇两个轮流教育孩子。

表弟夫妇的感情很好，但就是常常为了教育孩子时产生的分歧而吵架。

表弟的孩子有点多动症，教育起来很费脑筋。

一次，我到表弟家做客，弟妹正在辅导孩子功课，孩子不能专心写作业，弟妹急得跟孩子大喊大叫，表弟立即过去干涉。

弟妹见到表弟过来，忙说：“你的儿子你来管吧，我实在没办法了。”

表弟对弟妹说：“你不能一生气，就不管孩子，我认为你刚才大喊大叫很没意思。”

就这样，表弟因为弟妹冲孩子大喊大叫，而与弟妹争辩了好久。

孩子看到爸爸来跟妈妈争辩，顿时像有了靠山，不停地跟爸爸说起妈妈的不耐烦和急躁。

结果，孩子的哭声、表弟和弟妹的吵嚷声夹杂在一起。

我再也坐不住了，对于这样的场面我无能为力，于是起身告辞。

也许孩子真的太调皮了，母亲冲孩子发脾气，只是想发泄自己的不满，父亲这个时候插入进来，就会让孩子觉得自己很委屈，就会对母亲的教育产生抵触。

☆ ☆ ☆ ☆ ☆

父母都是一样爱自己的孩子，没有哪一个更多些，哪一个更少些。但父母由于各自的立足点不同，在教育孩子的时候难免会有一些偏差，这时需要双方更多的理解与沟通，彼此求同存异。

即使真的有看法、有意见，也不要当着孩子的面与对方理论。在一方教育孩子的时候，另一方最好不要插手，否则不但起不到好的作用，反而会让局面更糟。

看我等会儿怎么收拾你
——打骂，让孩子伤身更伤心

体罚和打骂，不仅让孩子遭受皮肉之苦，更重要的是，会伤害孩子的自尊，扭曲孩子的人格，给孩子造成一系列的心理问题。

这天，我到老同学家去办点事，不想正碰上他在打骂、教训儿子。

“你这个臭小子，把老子刚给你买的新自行车弄丢了不说，还撒谎骗人！这样下去怎么得了？今天我不好好教训你一顿，你以后不光不知道爱惜东西，还会成了谎话精！”

看见我来了，同学对儿子说：“先给我滚到你的屋里去！看我等会儿怎么收拾你！”

孩子沉默地走了，然而，我看到他眼睛里闪烁的，是屈辱、冷漠，甚至仇恨的目光。

同学说：“不好意思，让你笑话了！”

我说：“有什么事可以讲道理，不一定非要打孩子不可啊！”

他说：“我这个孩子从小就顽皮，说他没有用，他不会往心里去，打他，他才能记住教训呢！老话不是说‘不打不成材’吗？”

以前在中学的时候，这个同学也是性格顽劣、成绩中等，经常被爸爸打骂的。他好像也就一直这样，没有多少变化。中学毕业后，他就直接进了工厂，后来成了家。

没想到，他今天教育孩子的模式，简直是二十年前他爸爸的翻版。我不由地对他说：“你看你现在对孩子的教育，多像当年你爸爸教育你的样子啊！”

“是啊，你看我现在不是长大成人，过得好好的吗？这证明我爸爸当年打我是对的。虽然当时我也恨过他。”

“可是，现在是21世纪的信息时代了，这一代孩子所处的环境和心理需求，都有了很大的变化。你如果还用老一套的教育方法，恐怕不会有好的效果。”

“不管什么年代，他都是我儿子，我都是他老子，老子教训儿子，天经地义！”

我看同学的思想很顽固，也因为急着办事，就没再跟他争论。但我心里，却为他的儿子暗暗担忧。

☆ ☆ ☆ ☆ ☆

心理学家指出：体罚作为一种最严厉的惩罚手段，一旦滥用，不仅让孩子遭受皮肉之苦，更重要的是，会伤害孩子的自尊，扭曲孩子的人格，给孩子造成一系列心理问题。

父母经常打孩子，会造成孩子的逆反心理，不愿服从社会规范。同时，也会造成孩子缺乏自尊、自爱和自信，在青春期容易出现早恋，容易产生挫折感、多疑、没有安全感等。

父母与孩子的关系，应当是一种平等、尊重的支持关系，而体罚和打骂会破坏温馨的亲子关系，丧失父母在孩子心目中的威信，甚至导致孩子与父母对抗、对骂、对打。

更可悲的是，这种暴力方式，会使孩子也变得粗暴、冷漠。这样的父母不仅自己不懂爱，也使孩子感受不到细腻、丰富的情感，没有对美的敏感体验，从而泯灭了孩子精神世界的成长和丰满。

☆ ☆ ☆ ☆ ☆

我也曾面对女儿小语的一次撒谎事件。

在小语7岁的时候，一个周末，我带她去我的大学老师李老师家玩。李老师有个孙子小虎，是个聪明调皮的男孩。我们来到后，小语和小虎在里面的房间里玩耍，我跟李老师在客厅里聊天。突然，只听里屋传来“哐啷”一声，把我们吓了一跳。

推开小虎的房门，只见小语和小虎正站着，不知所措。地上是一片碎瓷片，原来是桌上的花瓶掉在地上摔碎了。

“不是我打破的!”“也不是我打破的!”小语和小虎都为自己辩白。

李老师没有追究，只说：“你们怎么不小心点儿？划伤了哪里没有？”小语和小虎看看自己，都没受伤。小语说：“我去拿扫把来，把这里打扫干净。”

李老师说：“我来吧！你们接着玩。小虎，你是小主人，要招待好姐姐哦!”

回到家后，我也没有追问这件事。只在每晚例行的讲故事时，给她讲了几个好孩子犯错后勇于改正错误的故事。

几天后，小语对我说：“妈妈，我想告诉你一件事，你听了不要生气。”

“妈妈是小语的朋友，怎么会生气？你说吧。”

“妈妈，我不是好孩子，我撒谎了。”

“哦，是吗？”

“是的。那天在小虎房间里，那个瓷瓶是我打碎的，可我当时没承认。”

“你现在说了也不晚，能勇敢面对错误就是好孩子。下次妈妈带你去李老师家，由你来告诉他事情的真相，并补偿李老师一个新的花瓶。买花瓶的钱，妈妈会从你每周的零花钱里扣除。”

小语点点头说：“好的。妈妈，我还是好孩子吗？你还会喜欢我吗？”

我也点点头，“当然，知错改错的小语比以前更可爱了！而且她不会再犯这样的错误了，是吗？”

“相信我，妈妈，小语会越变越好的!”

每个孩子成长中，都会犯各种错误。面对孩子的错误，父母以一种什么样的心态，采取什么样的方法，必然带来不同的效果。

允许孩子犯错，站在孩子的立场理解孩子，宽容孩子的错误，引导孩子认识到错在哪里、有什么不良后果，唤醒孩子内心的真、善、美，孩子才会真正得到成长，并且以后不会再犯。这是父母的正确心态和教育方式。

而简单粗暴的打骂、体罚孩子，只表明父母的无能和缺乏智慧，不仅不能收到好的效果，反而会带来恶果，因为打骂本身就是不文明、不道德的，是违背基本的教育原则的。

☆ ☆ ☆ ☆ ☆

过春节了，每年的这个时候，都会有以前教过的学生前来拜访。

这天，一个大男孩来到我面前说："老师，你还认识我吗？"

我定睛一看：这不是以前的学生小乔吗？小乔毕业后，他的妈妈一直与我保持着联系。后来在高考中，小乔以出色的成绩考上了理想的大学。几年不见，小男孩变成高大英俊的帅小伙了。

"是小乔啊，快坐！真是差点认不出了！大学里的学习生活还好吧？"

"嗯，还行吧。"

"有女朋友了吧？这么英俊的小伙子，一定有女孩子青睐哟！"

听我这么说，小乔脸上的笑容消失了。

"老师，不瞒您说，我正为此困惑呢。"

原来，小乔虽然成绩很好，但性格内向，不太合群，内心深处对自己缺乏自信。在心仪的女孩子面前，他总是觉得胆小、害怕，不敢表达，因而错失了一些美丽的机遇。

听小乔这样说，我脑海里出现了他妈妈以前讲的一些事情。

小乔小时候，也像别的男孩一样，活泼好动。但自从小乔上学后，他爸爸就采取高压政策，他一不好好学习或做了错事，就对他非打即骂，严厉斥责。

每次打过后，他也确实会比以前听话，成绩有所提高。所以，这种粗暴的方法就一直被他爸爸沿用着，而小乔的性格也越来越封闭。

这在当时，好像是一种很有效的教育方法，但因此留下的心理阴影，却在今天显现出来。

☆　☆　☆　☆　☆

研究表明：打骂、高压下成长的孩子，长大后会比较内向、自卑，做事优柔寡断，不合群，缺少阳光开朗的个性，创造性和自主性也被泯灭。这不仅对孩子的成长不利，也为他以后的人生之路埋下了种种障碍。

在“爱”的名义下对孩子施暴，也许能带来一时的、表面的效果，赌掉的却是孩子健康的人格和一生的幸福。父母爱孩子，就要尊重孩子，让孩子抬起头来做人，才是教育的真正成功。

关注就是强化
——父母越关注，孩子的“问题”就越多

年幼的孩子都希望得到父母的关注，凡能引起父母关注的行为，孩子就会设法加强，不管是好行为还是坏行为。

一位妈妈向我咨询，说她3岁的女儿经常吃手，她不知道这是不是一个问题，有些担心。

这位妈妈向我讲述了第一次注意到女儿吃手时的情景：

那一天，刚上幼儿园不久的女儿因为还不太适应幼儿园生活，在家呆了一天，而妈妈则请假在家陪女儿。

当时，当教师的妈妈给了女儿一盒积木，让女儿自己搭积木玩，而她在旁边备课。每过几分钟，妈妈就会抬起头看看女儿，确认女儿没有异常表现或问题，然后继续备课。

刚开始，女儿一个人玩得很好，很安静。但到后来，妈妈抬头看女儿时，发现女儿正咬着右手拇指，抬头看着她。

妈妈觉得女儿玩了很长时间积木，然后又咬手指，很不卫生。所以她起身走上前，一边将女儿的手指从她嘴里拿出来，一边生气地说：“别吃手，多不卫生啊。”

女儿继续搭积木，妈妈看了她一会儿，然后又继续备课。

又过了几分钟，妈妈再次抬头看女儿，发现女儿又在吃手指，妈妈又生气地呵斥女儿。

如此这样，反复多次。

从那以后，这位妈妈就发现女儿多次吃手指，每次女儿吃手指，妈妈就批评她，但始终没能阻止女儿的这一行为。

我告诉这位妈妈："3 岁的孩子正渴望父母的关注，父母关注什么，就是在强化什么，你关注孩子吃手，所以她就会不断地吃手。"

妈妈似乎不明白我的意思，疑惑地看着我。

我继续说："孩子吃手，往往是为缓解内心的焦虑不安，或渴望得到你的关注。她吃手，你批评她，她觉得得到了关注，所以，她就学会了用吃手来继续获得你的关注。"

"那我该怎么办呢？"

"很简单，她出现你不希望的坏行为时，你就冷处理，不是批评她吃手，而是用新的事物或活动转移她的注意力，关注她身上你期望的好行为。"

的确，年幼的孩子都希望得到父母的关注，凡能引起父母关注的行为，孩子就会设法加强，不管是好行为还是坏行为。

因而，父母要尽可能多关注孩子好的行为，避免强化孩子的坏行为，而是用新活动转移孩子的注意力。

☆　☆　☆　☆　☆

一天晚上，我正在看电视，我的一位客户给我打来电话，诉说了她女儿的"问题"。

在电话中，她非常担忧地对我说：

"老师，我今天发现了我女儿的一个大问题，很着急。她画画的时候很不专心，我担心这样下去，她做什么事都缺乏耐心，以后就什么事情都做不成。"

虽然看不到这位妈妈的表情，但我能感受到她对于女儿的焦虑，我对她说："您慢慢说，是怎么回事？"

"今天，我要求女儿画画，但她很不专心，总被一些无关的事情所吸引。

一会儿，家里的小猫跑过来了，女儿就放下笔，去逗小猫玩；

一会儿，她爸爸下班回家了，女儿就放下画笔，去迎接爸爸；接着，我的朋友来电话，女儿又好奇地跑过来听我讲电话……”

我问孩子的妈妈：“您女儿总是这样？还是偶尔有这样的表现？”

她回答说：“以前好像没发现这样的问题，今天表现特别明显，所以我很着急。”

我舒了一口气，心想：这位妈妈可能有点小题大做了。

我又问她：“您是怎么要求女儿画画的？她不专心时，您又是怎么对待她的？”

“孩子到处乱跑，我就让她去画画，她不专心，我就批评她，可她不听，反而很烦躁。”

“我觉得，可能是您太过焦虑了，孩子可能当时不在画画的状态，或者并不情愿画画，所以她很容易分心。孩子有点小问题，不要过分夸大，放平心态，您和孩子都会避免焦虑……”

电话那端，孩子的妈妈一边听我讲，一边“哦哦”地应答着。

对于孩子的某些“问题”，父母不要像这位妈妈一样见风就是雨，不要过分夸大孩子的“问题”。否则，只会加重孩子的“问题”，而不利于孩子消除“问题”。

☆ ☆ ☆ ☆ ☆

我又想起了一位同行朋友给我讲过的一个案例：

一位妈妈带着儿子来找这位朋友咨询，说自己5岁的儿子太好动，学习或做事情时总是坐不住，喜欢乱动。

朋友要求孩子静静地坐着，他观察孩子和妈妈的表现。在这个过程中，朋友发现了一个有意思的现象。

孩子只是坐着，大概觉得有些无聊，每隔一会儿，他会挠挠头，或者踢踢腿，或者站起身看看周围。

每当孩子做这些动作的时候，妈妈就会责备儿子说：“别乱动，不能乱动。”而当孩子很静、没有乱动的时候，妈妈没有任何表现或表情。

朋友问孩子的妈妈：“您在家是不是也是这样，孩子动的时候，您就批评、责备他，孩子安静的时候，您没有任何表示？”

妈妈想了想，说：“差不多是这样。我一看他读书时乱动就着急，就批评他。”

朋友笑着说：“实际上，我刚才观察到，孩子的表现很正常。您过多地关注了孩子的动，对他的静却不给予任何反应，这就强化了孩子的动。”

朋友继续说：“您希望孩子做事时静，就要多关注孩子的静，表扬他的安静，而不要总批评他的动。就是说，您要淡化孩子的‘问题’，而多关注孩子的优点。”

淡化孩子的“问题”，多关注孩子的优点，我同意这个观点。淡化孩子的“问题”，孩子的“问题”会越来越少，多关注孩子的优点，孩子的优点就会越来越多。

☆ ☆ ☆ ☆ ☆

孩子的很多行为，是通过父母的关注来加强的，父母越关注孩子的行为，孩子就会设法加强，反之，孩子就不会继续相应的行为。

所以，面对孩子的某些“问题”，父母不要夸大，不要过分地去关注，而是通过冷处理和转移注意力的方式消除孩子这些“问题”行为，要多关注孩子的优点和做得好的地方。

她基本就是帮倒忙
——教育要配合孩子的成长节奏

父母要放慢自己的脚步，把自己的想法和标准放在一边，让孩子按照自己的速度和节奏向前走，陪伴着孩子体味生活、成长自己。

有一天，我下班回家，在小区的路上，我遇到了在另一幢楼上住的格格和她的妈妈。格格是个漂亮的6岁女孩，那时，妈妈正从学校接她回家来。

见到我，格格妈妈开始向我询问有关教育孩子的一些问题。

当着女儿的面，格格妈妈毫不留情地跟我讲述着女儿的“问题”，最让妈妈犯愁的是，女儿特别“磨蹭”。

“每天早上上学前，这孩子穿衣、洗漱、整理房间都特别慢，我常常因为上班要迟到急得都火烧眉毛了，或者她要上学迟到了，她还在那里慢条斯理地做事呢，您说急人不急人？”

格格妈妈快言快语，我知道，她是个急性子的人，而女儿似乎跟她有不一样的个性。

“我每天早上要做早餐，要给她梳头发，还得一遍又一遍地催促她快点快点，可她就是快不起来。您觉得用什么办法可以解决她这个问题？”

妈妈这样说的时候，我看到格格一脸的不高兴。我猜想，每天早上，也肯定是她很烦躁的时候，她无法跟上妈妈的步子，心情会不好，再遭到妈妈的催促或批评，她心情会更烦。

我笑着说：“这么大的孩子本来就是这样，跟不上我们成人的脚步，我们不能以成人的做事速度去要求孩子。”

“那孩子磨蹭，我就不管了？我们总是迟到可怎么办？”

我笑了笑，说：“要适当地慢下来，适应她的速度，若是害怕迟到，那就早起十分钟二十分钟，这还不简单？”

格格妈妈也笑了。

☆　☆　☆　☆　☆

一次，我有事去一位学生家。到了她家，她正在整理书架上的书，而她3岁的女儿也热火朝天地要帮助妈妈整理书。

学生看到我来了，就停下来开始和我聊天，她女儿还在继续像模像样地干活。

我笑着夸赞学生的女儿说：“你看你女儿干活多专注啊，将来肯定能成大事。”

学生摇摇头说：“哎，别提了，她基本就是帮倒忙，刚才已经捣过好几次乱了，将我已经整理好的书又全弄乱了。”

正说着，我们听到一阵响，是几本书掉到地上的声音。

学生急忙跑过去，拉起女儿的手说：“去去去，你别弄了，又给我弄乱了。”然后，她转头对我说：“您看看，我说什么来着。她就是捣乱，不让她干还不行！”

学生强行把女儿拉到了沙发边，递给她一本绘本书，命令她说：“看你的书吧！”

接着，学生又对我说：“这孩子干什么都不行，都干不好，扫地扫不干净，洗脸洗不干净，梳头发梳得乱七八糟，帮我整理书还总是捣乱，她还总是逞能，不要她干还非要干！”

看着那个因遭到妈妈的强制而一脸不高兴的女孩，我对学生笑了，说：“这就是孩子啊，孩子做事的能力总不如大人，否则，怎么会是孩子呢？你说呢？”

学生也不好意思地笑了，“老师，您说得对。可能是我对孩子的问题太着急了，对她要求太高，太希望她做得好。”

这是很多父母容易犯的错误，看到孩子做事做不好，就生气、着急，责怪、埋怨孩子，这是不对的。孩子的能力本来就不如成人，暂时做不好也很正常，父母绝不要以成人的标准要求孩子。

☆ ☆ ☆ ☆ ☆

小语小时候，有一段时间，每次外出，我总发现她不能很好、很快地做好外出的准备。比如，她会一边玩一边准备自己的小书包，这样就耽误很多时间。

外出时，我要求她自己准备小书包，比如装上水、饼干之类吃的东西或者玩具，自己穿外套、换鞋子，但她在做这些事的时候，常常一边还研究着其他事情。

装饼干时，她会拿起饼干说：“这是个三角形的（我给她买的饼干有不同的形状或是不同的卡通形象），这是个梯形的。”穿外套时，她会自言自语说：“为什么大人穿大衣服，小孩穿小衣服呢？”

最初，每次出去玩，我希望小语应快速地做好相应的准备。可后来想，孩子出去也是玩，事前这样的准备对她也是一种玩，是一种学习或探索，为什么要打断她呢？

于是，等再外出小语又这样做的时候，我有时会在旁边观察她、欣赏她，耐心地等待她，或者坐在沙发上看一本书或做其他事情，等待她准备好。

这时，我想起了曾经读到过的一篇短文《牵着一只蜗牛去散步》，这是一个很形象的比喻，对于养育孩子，父母就像牵着一只蜗牛在散步。

父母要放慢自己的脚步，把自己的想法和标准放在一边，让孩子按照自己的速度和节奏向前走，陪伴着孩子体味生活、成长自己。

☆　☆　☆　☆　☆

人都很容易以自我为中心，在教育孩子的问题上，父母亦会如此，常责怪孩子做事慢，做事不完美，且总达不到自己的期望和要求。

其实很多时候，这不是孩子的问题，而是父母的问题。要避免这一点，父母就要设法站在孩子的角度想问题，不要以自己的标准要求和评判孩子。

我这个孩子特别笨
——不要给孩子的问题定性

给孩子的“问题”定性只会束缚住孩子，使孩子更没有信心和动力去做这件事。因而，无论孩子当时做事多么糟糕、多么不成气候，父母都不要武断地认定孩子“不是这块料”。

一个夏天的傍晚，我和小语、小松在小区广场上乘凉，看到一个七八岁的小男孩趴在广场一旁的台子上，不知在干什么，他妈妈坐在旁边看着他。

我好奇地走近了母子俩，想看看男孩在干什么。

看到男孩在写作业，我没有打搅他们，孩子在这样吵闹的环境里写作业，真是令我佩服。我对孩子的妈妈笑了笑，算是称赞孩子的用心和懂事。

一会儿，男孩写完了作业，妈妈拿起作业给他检查。妈妈不好意思地对我说：“这孩子笨，写字不好看，写作业也不行。”

男孩见我看他，也不好意思地低下头摆弄铅笔。

经过男孩和他妈妈的同意，我拿起了他的作业本看了看，然后和他们聊了起来。

“我这个笨孩子，每次写作业我都得陪着，并给他检查作业，他在家不好好写，非要在外面写。其实，我看他是一心只想着在外面玩……”

我几次听到妈妈说自己的儿子“笨”，不知她为什么会这么说。

我急忙制止孩子的妈妈，说：“我不同意你的说法，我看这孩子写得很好啊，写得很认真，刚才写作业时也很专注。”

在妈妈的允许下，男孩跑去和周围的孩子一起玩了。我坐下来，对他的妈妈说：“你儿子刚才的表现已经很好了，你为什么总说他笨呢？这样真的会把他说笨了的。”

原来，这位妈妈始终不满意孩子的学习成绩和某些表现。

我说：“孩子写不好字，只是他还不熟练，成绩不好，只是他还没熟练地掌握知识。但我觉得你不能因此定性孩子就是笨，这会打击他的自信，影响他的潜力发挥。”

孩子做事或学习，因能力不足，可能暂时做不好，暂时会出现“问题”。此时，父母不要认定孩子一定做不好此事，认定孩子就是笨孩子，要相信孩子一定会越来越成熟。

☆　☆　☆　☆　☆

这让我想起了自己小时候学游泳时的事情。

那个时候，我刚开始学习游泳，很多次，我的动作总是很笨拙，换气、胳膊和腿的配合动作总是掌握不好。为此，周围的孩子总会嘲笑我。

看到周围的孩子笑话我，我更加没有自信，更放不开手脚去练习游泳了。

那时，我妈妈在旁边陪着我学游泳。周围人嘲笑我，我不知道妈妈心里会怎么想，但她有些不快的表情，让我更难为情。

到后来，我不想再学游泳，想要放弃。妈妈很生气，就责怪我说：“你这孩子，笨死了，你看人家游得多好啊，学得多认真，我看你是永远也学不会，你不是这块料。”

妈妈这样说，或许只是因为恨铁不成钢，但她的话和表情对我伤害很大。从那以后，我就认为自己真的永远都学不会游泳了，而且坚决地不再去学，至今我也没有学会游泳。

学习了教育学和心理学后，我明白了，不是我没有能力学会游泳，只是妈妈的做法束缚了我的观念和行为，使我相信自己真不是那块料，使我踯躅不前。

给孩子的“问题”定性只会束缚住孩子，使孩子更没有信心和动力去做这件事。因而，无论孩子当时做事多么糟糕、多么不成气候，父母都不要武断地认定孩子“不是这块料”。

父母要给孩子机会，让孩子去反复练习，让孩子不断探索、改进和提高，相信孩子最终会成为“那块料”。

☆ ☆ ☆ ☆ ☆

为了不让我的孩子留有这样的心结，不让他们留下我这样的“问题”，在教育小语和小松时，我就努力做到：用发展的眼光看孩子，相信孩子会成长——无论孩子当前做得多么差。

小松上幼儿园中班时，开始学习使用剪刀做手工。

有很长时间，小松总是掌握不好使用剪刀的要领，常常会把剪刀摔到地上，或者会剪到自己的手指，然后他就生气地大叫。

还好，小松使用的是比较钝的那种圆头小剪刀，所以并没有对他造成多大的身体伤害。

小时候，小松手的动作没有小语的手指灵活，那时，我偶尔会想：是不是男孩不适合干这种细致的手工活？让小松学手工是不是有些勉为其难？

但后来我想，只要孩子大脑、手等器官没问题，没有什么事情是他学不会的，只要孩子多练习，就一定能做好。更何况，手工可以锻炼孩子手的精细动作能力。

看到小松有些泄气的样子，我鼓励他说：“宝贝，妈妈知道你用不好剪刀有些难过，不过没关系，你已经做得很好了。多剪一剪，你一定会做得更好的。”

同样，在小语5岁学溜冰时，每次看到她总摔跤而想要放弃的时候，我就鼓励她，一定会越滑越好，我不希望她再有我小时候学游泳的遗憾经历。

这就是我所坚持的，要用发展的眼光看孩子，孩子当前的“问题”并不说明他永远有这样的“问题”，无论孩子当前做得多么不好，父母要相信孩子是成长的、发展的——只要给孩子正确的爱和教育。

☆ ☆ ☆ ☆ ☆

孩子时时处于变化中，当然，孩子的“问题”也是变化的。父母绝不要给有问题的孩子定性，更何况孩子都还处在成长和发展中。

面对孩子的各种“问题”，面对“问题孩子”，父母要学会用发展的眼光看孩子，相信孩子是成长的、变化的，相信科学的爱、正确的教育会消除孩子的“问题”。

第三章

这样转化“问题孩子”，效果立竿见影

滚开，真烦人
——不放弃对“问题孩子”的教育

父母绝不要因为孩子具有某些问题而嫌弃孩子，不要在孩子有问题时生硬地将孩子推远，这对辨不清父母做法的目的的孩子是一种创伤。

子泉是我以前一位同事的儿子，只要同事在家，子泉就只粘着妈妈，从不找爸爸，连一直照看他、很疼爱他的姥姥也无法从妈妈怀中抱走他。

所以，每次上班，同事与儿子总是一场生离死别般的难分难舍。在家时，同事因为粘人的儿子，自己什么事也干不成，连洗澡都甩不开他。

这让同事很苦恼，为了应付上课和儿子，她每天都累得筋疲力尽。

有一天，我去同事家看子泉，当时他只有1岁半。

我和同事聊了一会儿，她准备去厕所，可子泉一直死死抱住妈妈的腿，哼哼唧唧、吵闹不休，不让妈妈离开半步。

任我和子泉的姥姥怎么劝，子泉就是不放开妈妈。同事非常生气，很粗鲁地将儿子的手掰开，往旁边一推，大声斥责他说：“滚开，真烦人，离我远点，别来烦我！”

那一刻，子泉开始嚎啕大哭，哭得撕心裂肺，而同事则转身去了厕所。

我了解到，每次同事被粘人的儿子缠得心烦时，她常常会如此呵斥儿子，用厌恶的表情和语言表达对儿子的不满。

同事这样的做法是不是很常见？的确，有时候，孩子的缠人会让父母感觉“窒息”，尤其是特别粘人的孩子。

但同事这样的做法却是不当的，会对孩子的安全感造成损伤，孩子会认为妈妈的做法是“妈妈不喜欢我了”或“妈妈不要我了”，这会让孩子产生莫大的恐惧。

而子泉粘人的问题也正是他缺乏安全感的表现，跟妈妈的做法也不无关系。

父母绝不要因为孩子具有某些问题而嫌弃孩子，不要在孩子有问题时生硬地将孩子推远，这对辨不清父母做法的目的的孩子是一种创伤。

这种时候，父母可告诉孩子说：“爸爸（妈妈）爱你，但现在爸爸（妈妈）有事要做（或有些累了），你自己先玩一会儿玩具，等一会儿爸爸（妈妈）来陪你好不好？”

虽然孩子刚开始可能不情愿，但父母这样的态度不会让孩子觉得有被抛弃的感觉。

☆ ☆ ☆ ☆ ☆

亮亮是我一位客户的儿子，读小学四年级。亮亮的爸爸妈妈三年前离婚了，他跟妈妈一起生活。

据说，亮亮原本是个听话懂事的男孩，自从爸爸妈妈离婚后，他就变得性格古怪，很叛逆、任性，动不动就和同学打架，跟妈妈顶嘴，经常惹事。为此，妈妈对他加强了管教。

但妈妈的严厉管教非但没有让儿子好转，反而使他的问题更多，除了打架、叛逆，亮亮还上网、逃学甚至偷东西。

亮亮妈妈告诉我，有一次，因为儿子在学校打架，她被叫到学校挨了老师一顿训。这让妈妈非常气恼，她恶狠狠地对儿子说：“我管不了你，我也不管你了，你去找你爸爸吧！”

那天下午，亮亮妈妈果真将儿子送到了亮亮爸爸的住处，并对亮亮爸爸说："我管不了你儿子，你自己管他吧。"说完，亮亮妈妈转身就走。

我不知道当时亮亮妈妈做出这样的行为，亮亮爸爸是怎样的心情和表现，但我想，她的做法一定会给亮亮带来心灵伤害，也会伤害他们母子间的感情。

原本，亮亮因为爸爸妈妈的离婚已受了心灵的重创，而他的种种"问题"正是这种重创的一种表现或表达，他是在以异常行为表达自己内心的伤痛和愤怒。

但妈妈非但没有安抚亮亮，没有理解他的"问题"背后所透露出来的内心伤痛，反而因为他的"问题"而将他推给爸爸。这对亮亮来说无异于一种抛弃，又在他心上加了一道伤口。

父母绝不要做这样残忍的事情，孩子每一个"问题"的背后都可能有他内心的伤痛，父母不能因为孩子的"问题"，而放弃对孩子的养护和教育责任。

☆ ☆ ☆ ☆ ☆

爱孩子应是没有条件的，即使孩子有很多"问题"。但有些父母不能接纳孩子的"问题"，只爱没有"问题"时的孩子，却嫌弃、厌恶有"问题"时的孩子。

给孩子无条件的爱，接纳孩子的"问题"，是避免养育"问题孩子"、改造"问题孩子"、解决孩子"问题"的重要基础。

这让我想起了一个一直让我很感动的小故事：

幼儿园时的家长会，老师对一个孩子的妈妈说："你儿子有多动症，连三分钟都坐不了，你最好带他去医院看看。"

回到家，儿子问妈妈，老师都说了些什么。

妈妈的眼泪差点儿流下来。因为全班30位小朋友，只有儿子表现最差。但她还是告诉儿子："老师表扬你了，说宝宝原来在板凳上坐不了一分钟，现在能坐三分钟了。"

那天晚上，儿子破天荒吃了两碗米饭，并且没让妈妈喂。

儿子小学时的家长会上，老师对妈妈说："全班50名同学，这次数学考试，你儿子排在第40名，我们怀疑他智力上有点障碍。"

回到家，妈妈虽然有些失落，仍对坐在桌前的儿子说："老师对你充满了信心。她说，你并不是个笨孩子，只要能细心些，就会超过你的同桌，这次你的同桌排在第21名。"

儿子黯淡的眼神一下子充满了光亮，沮丧的脸也舒展开来。而且，从这以后，儿子变得很温顺，好像长大了许多。

儿子初中时的家长会上，老师告诉妈妈："按你儿子现在的成绩，考重点高中有点儿危险。"

听了老师的话，妈妈惊喜地走出校门。此时，儿子在等她。

走在路上，妈妈心里有种说不出的甜蜜，她告诉儿子说："班主任对你非常满意，他说只要你努力，很有希望考上重点高中。"

初中毕业，这个孩子考取了重点高中。高中毕业后，他被一所重点大学录取了。

看到大学录取通知书，儿子边哭边说："妈妈，我知道我不是个聪明的孩子，可这个世界上，只有你能欣赏我……"

一个老师眼中的"问题孩子"，因为妈妈无条件的接纳，因为妈妈对他的欣赏和鼓励，而成为重点大学的优秀学生，相信这会给经常抱怨孩子的"问题"的父母很多启发。

☆ ☆ ☆ ☆ ☆

孩子的"问题"可能让父母气恼，"问题孩子"可能让父母痛苦，但父母绝不要因为"问题"而嫌弃孩子，不能放弃对"问题孩子"的养护和教育。

明智的父母应该像上面那位妈妈一样，给孩子无条件的爱，接纳孩子的"问题"，看到孩子的进步，欣赏和鼓励孩子，相信孩子的"问题"肯定会越来越少。

孩子最需要什么
——爱是解决孩子“问题”的良方

父母要告诉孩子，爸爸妈妈不喜欢他做的不好的事，但永远会爱他这个人。内心有这样坚定信念的孩子，才不会成为父母担忧的“问题孩子”。

在QQ上，有一位妈妈向我咨询，从她的文字表述中，我能感受到她的痛苦和无奈。

从儿子刚满1岁起，夫妻俩就将儿子交给了爷爷奶奶带，而他们俩则每天努力工作，设法为儿子创造更优越的物质生活。

最近，这位妈妈遇到了让她很难过的事情，就是她每次往奶奶家给儿子打电话，儿子都不再接听她的电话。

听孩子的奶奶说，每次孩子一听说是妈妈打来的电话，他就会转身走开。有时，奶奶要孩子接听妈妈的电话，而孩子却将话筒拿起来生气地摔在桌上。

不仅如此，每次她去看望儿子，儿子都没有妈妈想象中的对她那么亲热，反而对她很疏远，很多时候还跟她发脾气、打她。

孩子的变化让妈妈很伤心，她怀疑会不会是爷爷奶奶的“教唆”，让儿子变得跟她如此疏远。因为这，妈妈和奶奶也常发生矛盾。

这位妈妈疑虑地问我：“我和他爸爸这么努力地工作，就是为了给他创造良好的条件，孩子要什么我们给他什么，可他怎么还不满足呢？”

我说：“我相信你们给了孩子很多东西，但孩子最需要的、最重要的东西，你们可能给的不多。”

“孩子最需要的、最重要的东西？是什么？”

“是爱。”

生活中，有很多父母会像这位妈妈一样，总设法给孩子创造丰厚的物质生活条件，他们以为这就是爱孩子。其实，给孩子心理和情感上的关怀和爱，才是更重要、更关键的。

☆ ☆ ☆ ☆ ☆

真真妈妈是丈夫给我介绍的一个客户，他们之间也有业务的往来。真真是个2岁多的女孩，很“粘人”，她妈妈每天都为上班前女儿撕心裂肺的嚎哭、折腾而焦头烂额。

每天下班回到家，真真就粘着妈妈，并且总是在妈妈面前哼哼唧唧、吵吵闹闹，好像总有不满意的地方，总是不开心。

真真妈妈工作了一天，很累，她希望下班回家后能放松一下，能跟女儿好好玩玩。可是，每次回到家，因为处理女儿的这些问题，她反而比上班还累。

每天上班前，见妈妈要走，真真就开始一场像与妈妈生离死别似的大哭大闹，死死抱住妈妈不放松。她的嚎哭让妈妈也肝肠寸断，却又不知如何是好。

经过交谈，我了解到，真真妈妈常常在女儿不听话、在女儿没有达到她的期望时，表现出对女儿的厌烦、嫌弃，有时还用语言恐吓她。

比如，真真妈妈会推开女儿，或者转身走开，并对她说：“你再不听话，妈妈就不要你了。”“你再不好好吃饭，妈妈就不喜欢你了。”

母女连心，妈妈这样的表情、这样的语言让女儿产生被抛弃的恐惧，认为妈妈真的会不喜欢她、会不要她。所以，她用自己的方式“缠住”妈妈。

生活中，这样的父母很多，他们对孩子的爱是有条件的。也就是说，孩子表现好的时候，父母很爱孩子，对孩子表现出很多积极的情绪和言行；反之，就会远离孩子，对孩子表现很多消极的情绪和言行。

孩子不会分辨父母言行的真假，他很容易把父母所有的言行都当真，把父母表现出来的消极言行认为是不爱自己，甚至抛弃自己，从而产生不安全感或恐惧。

爱孩子应该是没有条件的，父母不要将对孩子的爱附加很多外在条件，不能因为孩子表现好就爱他，因为孩子表现不好就不爱他。

父母要告诉孩子，父母不喜欢他做的不好的事，但永远会爱他这个人。内心有这样坚定信念的孩子，才不会成为父母担忧的“问题孩子”。

☆　☆　☆　☆　☆

雨荷是我认识的一个 4 岁女孩，爸爸妈妈在她 1 岁时离婚了，她跟随爸爸生活。

很多年前，我初次见雨荷，是跟随我一个朋友去雨荷家里。

我发现雨荷一直很沉默，也很少理会周围的人。在雨荷的小房间里，我看到了满屋子的玩具扔得到处都是，床上、地板上、桌子上全都是七零八落的玩具，地上几乎没有落脚的地方。

很明显，雨荷的爸爸是个粗人，根本不懂得帮女儿收拾房间和玩具。

但让我更担心的是，很多动物或人的玩具，比如娃娃、毛毛熊、小青蛙等，全让雨荷扯坏了，有的被抠掉了眼睛，有的被揪掉了耳朵。

后来，由于某种原因，我离开了原来那座城市，也与雨荷和她爸爸失去了联系。因为没能帮助到雨荷，我一直心怀一份内疚。

当初，我不明白雨荷为什么会有那些举动。而如今，我逐渐明白了，雨荷的行为是因为缺少爱。

雨荷的爸爸事业心很强，他每天最早将女儿送去幼儿园，最晚接回来。晚上，他常告诉女儿说："你自己玩，要什么跟爸爸说，爸爸要工作。"然后，雨荷的爸爸就开始忙自己的事情。

单亲家庭已让雨荷比正常孩子少了母爱，而爸爸的做法更让这个可怜的女孩的情感处于非常饥渴的状态。

而这正是雨荷出现那些行为举止的重要原因，她是在表达爱缺失的愤怒和痛苦。

看起来，雨荷有很多很多玩具，她在物质上能获得最大程度的满足，但这对孩子的成长绝对不够。缺少父母的爱和陪伴，是对孩子最致命的伤害，这种伤害远比物质的缺乏更深重。

☆ ☆ ☆ ☆ ☆

很多时候，"问题孩子"最缺乏的是爱，爱是滋养孩子心灵健康成长最基本、最重要的营养，是孩子成长的重要力量。缺失了爱，孩子的心灵就容易枯萎，不能获得健康的成长。

对于"问题孩子"，父母要给予他们更多的关爱，更多的情感支持，让爱来化解孩子的问题。

有本事考90分
——多肯定、认可“问题孩子”的进步

如果“问题孩子”想要改变自己并作出了努力改变的行动时，即使他做得还远远不够好，甚至做得还不如原来好，父母也要肯定孩子的努力和付出，给孩子希望和信心。

小语经常跟我讲他们班级和学校的事情，讲同学的趣事。

小语在初中的时候，班里有一个叫小铁的男孩，他调皮捣蛋，经常惹祸，不爱学习，懒惰，是个让老师头疼的角色。

听小语说，小铁在家原来从不做家务活，妈妈一让他做事情，他就很不情愿。

后来，小语班来了一个很漂亮、很优秀的女孩，正好坐在小铁的旁边。小铁看上去很喜欢这个女孩，就千方百计地跟她套近乎，并决定向她学习。

善良的女孩很想帮助小铁，就劝小铁在家要多帮父母做点事。于是，小铁就在班里同学面前许下诺言：“回家要每天帮妈妈干家务。”

但小铁后来跟班里同学说，他回家后每次帮妈妈做家务，总是得不到妈妈的认可，总是受到妈妈的指责和嘲笑。

因为没做过家务，小铁总是做不好。每次干完家务，妈妈常常会挑儿子的毛病，埋怨他地没扫干净，被子没叠整齐，碗没有抹好。

次数多了，小铁再也没有信心和热情帮妈妈做家务了。

真是可惜，“问题孩子”小铁刚刚表现了一点儿想“改邪归

正”的苗头，却被妈妈的冷嘲热讽、批评指责给挡回去了。

每个“问题孩子”都希望得到别人的肯定和认可，也很希望成为父母眼中、其他人眼中的优秀孩子。

如果“问题孩子”想要改变自己并作出了努力改变的行动时，即使他做得还远远不够好，甚至做得还不如原来好，父母也要肯定孩子的努力和付出，给孩子希望和信心。

☆　☆　☆　☆　☆

以前在学校当班主任时，我们班曾从外校转来一名“差生”，听说他已经转了三所学校。

在以前的学校，这个“差生”不仅学习差，纪律也很差，很喜欢和同学打架，经常跟同学和老师处不好关系。在周围人看来，他一无是处。

了解到这个孩子来自单亲家庭，并且很少得到家人的关爱后，我决定用真诚的心感化他，感化他的妈妈。

在新班级里，我从来不提他曾经的“污点”，而是努力发现他的闪光点，经常表扬和鼓励他。

或许是我的真诚感动了这个孩子，或许是他真的想改过自新，想一切重新开始，他在学习上非常努力，在其他方面也努力表现自己。

转学后的第一个学期末，这个孩子数学测验取得了 71 分的好成绩。据他自己说，他从来没考过这么高的分。

我表扬了他，并在班里给了他一个进步奖，奖给他一支圆珠笔。

但第二天，男孩沮丧地告诉我，当他高高兴兴地把成绩单和奖品拿给妈妈看时，一直消极悲观、对生活缺乏信心的妈妈依然对他不满意。

妈妈当时对他说：“71 分，一支圆珠笔有什么值得炫耀的？

有本事考 90 多分、100 分。”

我相信，妈妈的话对这个“差生”是很大的打击。要知道，一个在别人眼里一无是处的“问题孩子”，要想前进是多么艰难，要取得一点儿成绩是多么困难啊。

因为这件事，我特意找男孩的妈妈认真地交谈了一次，希望她在对待孩子的问题上也能做出某些改变，这样才有利于孩子的改变和成长。

“问题孩子”要取得一点儿成绩非常不易，他一方面要克服自己是“问题孩子”的压力和伤害，一方面还要拿出更大的力量改变这些问题。

所以，“问题孩子”只要取得一点儿成绩，父母就要及时、真诚地给予认可，哪怕孩子取得的这点儿成绩与自己期望的相去甚远。

☆ ☆ ☆ ☆ ☆

齐女士是我认识的一个有智慧的知性女人，她是一个 7 岁孩子的继母。大概是受爸爸妈妈离婚的影响，齐女士的继子小光非常自卑内向，行为退缩，性格孤僻。

为了让小光重新变得阳光而自信，齐女士想了很多办法，也做了很多努力。

齐女士首先想法成为小光的朋友，经常和他一起谈论他感兴趣的事情，陪他做他喜欢的事情，帮助他实现他的一些愿望。

齐女士逐步赢得了小光的信任，小光也越来越愿意听从齐女士的话，接受她的教导。

尽管小光有很多缺点，有些事也做不好，但齐女士始终相信他是个有潜力的孩子。

当小光很长时间做不出一道数学题，并为此苦恼时，齐女士会对他说：“没关系，这道题本来就比较难，只要你用心思考，就一定会做出来的。”

当小光为自己的成绩始终没有提高，而得不到老师的欣赏时，齐女士会鼓励他：“别着急，你很有潜力，只要你多付出一点努力，一点一点进步，一定会赶上并超过他们的。”

就这样，齐女士用自己宽广的胸怀接纳这个与她没有血缘关系的孩子，给予他无私的爱。尽管小光很多方面表现得不尽人意，但齐女士始终相信他是优秀的苗子，将来会是优秀的人才。

对待“问题孩子”，我们要学习齐女士，不要总看到孩子的“问题”，而要多看到孩子的潜力，相信只要遵循正确的方法，孩子的“问题”会越来越少，孩子会越来越优秀。

☆ ☆ ☆ ☆ ☆

对于很多“问题孩子”，父母说他行，他就行。因为“问题孩子”特别希望得到别人，尤其是父母的肯定和认可，更是问题孩子前进和努力的强大动力。

尽管“问题孩子”的很多问题让父母操心甚至伤心，但父母要努力克制自己的情绪，多看到孩子的优势和潜力，多给孩子肯定和认可，多给孩子信心和希望。

允许孩子犯错、跌跤
——欣赏孩子的优点，更要包容缺点

悦纳孩子，不仅要欣赏孩子的优点，更要包容孩子的弱点和错误。因为错误是孩子成长的必经阶梯，有错误，才有成长。孩子正是在犯错和改错中激发出自己的生命能量的。

我从事了多年的教学工作，长期的教育实践，让我深深知道，孩子能否健康成长，与家庭的教育环境密切相关。

我的班上，曾经有一个女孩，她其实各方面都不错，性格温和，能够跟同学友好相处，成绩中上。尤其是作文，写得非常有灵性，虽然免不了个别字词句的错误，但有自己的感悟在其中，很难得。

因为我是班主任，对她就比较注意。我发现她总是不太自信，平时比较沉默，上课也不积极举手发言。但老师点名让她回答时，她大都能够回答正确。

我与她谈心，问她："为什么你在课堂上不踊跃发言呢？"她说："我不敢。"

我疑惑地望着她。她说："我妈妈对我要求可严了！她每天都要检查我的作业，还指定一些课外题目要我完成。一旦发现作业上的错误，妈妈就严厉地责备我，还列出一堆其他优秀孩子的事例，让我觉得自己抬不起头来。

"妈妈要求我把每个错误改正并重写或背诵20遍以上，说这样才能让我记牢。我每天总是提心吊胆，生怕自己一不小心出错就惨了！"

听了她的话，我感到一阵心痛。

教育家周宏说："太爱孩子，就失去了平常心。"父母常常以一种完美的标准来要求孩子，不允许孩子犯一次错，跌一次跤，这是很不正常的。

长期以来，"望子成龙，望女成凤"的观念左右着父母的行为，使得他们"爱之深，责之切"，对孩子求全责备，时时处在一种焦虑和担忧中；而孩子动辄得咎，总是处于一种压抑、无助、自责、自卑的状态中，从小失去自信和快乐，反而离父母的期望越来越远。这种恶性循环，使父母和孩子都非常痛苦。

悦纳孩子，不仅要欣赏孩子的优点，更要包容孩子的错误。因为错误是孩子成长的必经阶梯，有错误，才有成长。孩子正是在犯错和改错中，激发出自己的生命能量的。

☆ ☆ ☆ ☆ ☆

小语成长的过程，也是一路跌跌撞撞的。

记得她大约 8 岁时，有一次她从学校放学回来，闷闷不乐。我有些奇怪，因为平常她都是很活跃的。

我关切地问："小语，你有什么不开心的事吗？"她沉默了一会儿，抬头忧郁地问道："妈妈，我不漂亮。为什么我的眼睛那么小啊？"

我心里咯噔一下，心想：孩子的自我意识觉醒了，开始以一种比较客观的眼光来审视自己，这时候我的引导非常重要，千万不要让孩子的思想和情绪陷入歧路。

我笑着对她说："小眼睛很漂亮啊！你看你喜欢的歌星周杰伦，还有你崇拜的帅哥林俊杰、佟大为等，都是小眼睛。这使他们具有独特的魅力和神秘感，更能吸引人呢！"

小语说："可是，他们都是男的啊，女孩子应该是大眼睛才漂亮呢！"

我感到事情的严重性。我拉着她一起坐到沙发上，神情庄重地说：“妈妈认为你很漂亮！你看你的皮肤多么光滑，你的眼睛多么明亮！你现在还小，要不断学习、提高和充实自己，这样才能散发出自信的气质，有气质的人才是真正的美。

“你看妈妈也是小眼睛，妈妈却很快乐，因为妈妈有自己喜爱的工作，有一个幸福的家庭，还有你这么优秀的孩子。每天活得很充实，还受到他人的尊重，这样的生活不是令人羡慕吗？”

小语仔细看着我的脸，我的坦然和自信，让她感到一种释然，笑容重新回到她的脸上。

☆　☆　☆　☆　☆

还有一次，在期中考试后不久，小语紧张地试探着问我：“妈妈，如果我数学考得不好，你会怎么看？”说话时，她把手臂背在背后。

我明白，此时孩子正在内疚和担忧中挣扎。她平时学习一向比较自觉，但数学是她的弱项，在这方面她缺乏自信。

我说：“妈妈相信你。只要你尽了力，就是好孩子。”她这才把藏在背后的卷子拿出来，只见上面写着：72分。

我高兴地对她说：“小语学得不错啊，掌握了这么多知识，值得表扬！妈妈相信你以后进步会越来越大，成绩会越来越好。来，让我们一起研究一下这张卷子吧。”

后来，小语渐渐掌握了数学思维的规律，把自己的这个弱项克服了。

☆　☆　☆　☆　☆

悦纳孩子，就是要悦纳孩子独特的个性，包括他的外貌、性格、智力特征等。

每个孩子都有自己的优势，也有自己的弱项，这是孩子自己无法决定的。父母永远要看到孩子成长的力量，决不要说“你怎么那么笨，这么简单的题目都不会做”等伤害孩子的话语，更不要给孩子标上“问题孩子”的标签。这除了让孩子心生不满、叛逆、抗拒外，也会让孩子陷入自卑、破罐子破摔的泥淖。

☆ ☆ ☆ ☆ ☆

无条件悦纳孩子，就是以一种纯净的心来对待生命。不一定要孩子“成龙、成凤”，因为这其中投射了父母功利和虚荣的私心。

根据孩子的个性特点，顺应孩子的成长规律，采取适当的教育方法，设定合理的心理预期，这是保证孩子快乐成长的最大法宝，也许因此培养出一个天才、神童也说不定。

时刻保护孩子的自尊心
——尊重孩子的教育才有效

父母要用自己的语言和行为来尊重孩子，当父母尊重孩子时，孩子不但会尊重父母，还会把父母当成亲密的好朋友。心中一旦有秘密或是遇到事情时，他会主动找父母倾诉。

朋友是圈内有名的书法家，他在讲到自己当年走上书法之路时，说道："要是没有妈妈正确的引导，我哪里会有今天。"

他小时候，在电视上看到一位画家用毛笔在一张大纸上写书法，就觉得很好玩。于是，他也学着那个画家的样子，在妈妈新买的白床单上，用毛笔蘸着墨汁在床单上写字。

因为第一次写，虽然没写几个字，但弄得床上的枕头、被子上到处都是墨汁，就在他"奋笔疾书"时，妈妈回来了，看着干净的床上洒满了黑墨汁，好半天没有说话。

朋友自知理亏，十分害怕，低着头等着妈妈的训话。过了好大一会，妈妈问他："你真的喜欢用毛笔写字吗？"

他点点头，妈妈说："那我明天就给你买一本字贴，记住，练书法要在纸上练，而且还要学习正确地运用毛笔。"

第二天，妈妈把新买的毛笔、宣纸、字贴书拿给他，一边给他讲解如何使用毛笔，一边告诉他写字的正确姿势，并对他说："写字是一种享受，只要用心，一次会比一次写得好。"

朋友就是在妈妈耐心的教导下，渐渐喜欢上了练书法的。

父母尊重孩子，要从正确对待孩子的"破坏能力"开始，客观分析孩子的动机，在尊重、鼓励孩子探索能力的前提下，引导孩子用正确的方法、手段来探索事物，把孩子的"破坏性"引向正途。

☆ ☆ ☆ ☆ ☆

在同事家，我看到这样的一幕。

同事的丈夫刚进家门，她10岁的儿子就跑过去，满怀期待地说："爸爸，你找到了我让你买的那种学习机了吗？"

爸爸对儿子说："找到了。"

儿子高兴地问："买回来了吗？在哪里？我要用用。"

爸爸却说："我没有买，太贵了。"

我在听到同事的丈夫说这句话时，第一感觉就是儿子可能会因此闹起来，即使不闹，也会找借口发几句牢骚。

出乎我意料的是，儿子先是愣了一下，接着说："我同学说，那学习机八百多块钱，他现在用的就是他妈妈前几天刚买的。"

爸爸说："我问销售员了，她说前几天在打折，便宜一些，现在已经恢复了原价。儿子，我是这样想的，学习机你也不急着用，过几天我再到别的地方去看看好吗？"

儿子点点头，说道："我听爸爸的话，你这几天不用急着为我买，咱们可以等到下次打折时再买。"

看着这对父子礼貌的对话，我由衷地称赞同事的儿子："这孩子年纪不大，还真是懂事啊。"

同事笑道："他小时候我们就订了一个规距，一家人要互相尊重，谁的意见好就听谁的。他提的好，就听他的，但不会迁就他。他错了，我们会讲出他错的理由，他就会改正。"

孩子的自尊心很强，父母只有做到真正尊重孩子，才会让孩子从小养成学会讲道理的好习惯，这种好习惯会伴随他健康地成长。

☆ ☆ ☆ ☆ ☆

有位中学生向我倾诉说："从小到大，我都不愿意和我妈妈一起出去。因为她认为我是问题孩子，不尊重我，不管当着多少人的面，只要我做的事情不合她的心意时，她就会指责我。"

最让他难忘的是，他上小学四年级时，妈妈当着好多亲戚的面训斥他。

因为那天是爷爷的生日，他放学后，没有像以前那样在外面玩，而是径直去了蛋糕店，为爷爷取蛋糕，那是他用积攒了半年的零花钱买的一个很大的生日蛋糕。

那时爷爷有糖尿病，不能吃甜的。可能他年纪小，不知道这个问题。但爷爷和亲戚们仍然很高兴，纷纷夸他孝顺。就在他为大家切蛋糕时，妈妈回来了。

看到这么大的蛋糕，妈妈劈头就批评他："你这孩子越长大越会浪费，花这么多钱买这个东西，这哪里是为爷爷过生日，我看你是想害爷爷。你不知道爷爷的病不能吃甜的啊？"

他说道："我只想着为爷爷过生日——"

妈妈打断他，说道："我看你不是想着爷爷的生日，是你自己爱吃蛋糕。"接着对亲戚们说："我这个儿子呀，从小就特别爱吃，又自私，什么事情都只想着他自己。"

妈妈的话让他在亲戚面前丢尽了面子。

他对我说："当时妈妈的话就像刀子一样刺在我的心上，我气得转身跑出了家门。从那以后，我尽量不和她说话，特别是在有别人在场的时候，我会让自己一句话也不和她说的。"

自尊心是孩子成长的精神支柱，是孩子积极向上的基石，也是孩子成长中发展的内在动力。父母一定要时刻保护孩子的自尊心，千万不能当众教训他。

☆ ☆ ☆ ☆ ☆

父母要用自己的语言和行为来尊重孩子，当父母尊重孩子时，孩子不但会尊重父母，还会把父母当成亲密的好朋友。心中一旦有秘密或是遇到拿不定主意的事情时，他会主动找父母倾诉。

父母越尊重孩子，同他的距离也就会越近。当父母和孩子建立一种相互尊重、相互信任的亲子关系时，不但能激发孩子身上所包含的巨大潜能，而且更有利于孩子健康、快乐地成长。

你真是越来越努力了
——赞美，让“问题孩子”变优秀

孩子的成长需要赏识和赞美，对孩子来说，父母的每一句肯定、赞美、鼓励的话，都会让孩子得到鼓舞，建立自信，获得前进的勇气和动力，激励他奋发向上，从而让孩子健康快乐地成长。

朋友从事教育工作多年，在提到对男孩的教育时，他说道：“一般来说，孩子的意志力和耐力是有限的，父母应该为孩子设立一些短期表扬目标，只要他能达到，就赶快及时赞扬他。”

朋友向我讲起他亲身经历的事情。

朋友和哥哥只差一岁，哥哥很聪明，爸爸妈妈对哥哥寄予了很高的期望，平时严格要求他，怕他骄傲，很少表扬他；他智力稍差，爸爸妈妈很照顾他，只要看到他有一点进步就表扬他。

他和哥哥在同一所学校读书，哥哥高他一级，成绩在班里一直是前五名。在爸爸妈妈看来，以哥哥的能力，应该是第一名。

因为爸爸妈妈对哥哥有这样高的期望，虽然哥哥也很努力，每次考试分数都有所上升，可是因为没有达到爸爸妈妈要求的“第一名”，很少得到赞扬。

而他的成绩一直是班里的后几名，考试时就算只提高一分，爸爸妈妈也得夸他进步了，这让他充满信心。

有一次期末考试，哥哥终于考了第一，但爸爸只淡淡地说：“嗯，不错，但不要骄傲，否则下次就不会考第一了。”哥哥听后，非但不高兴，反而更有压力了。

他那次上升了五名，爸爸妈妈都不停地夸他：“你真是越来越努力了，相信你要不了多久，就能赶上哥哥了。”

高考时，成绩一向很好的哥哥，因为一分之差而没考上理想的大学。事后哥哥说：“考试时，我满脑子是爸爸妈妈失望的眼神，越想越害怕。”

他高考时却超常发挥，居然考上了重点大学。他对我说：“我考试时，耳边响着爸妈的赞扬声，感觉自己全身充满了力量。”

父母要根据孩子的具体情况为孩子设立目标，孩子有进步时就赞扬他。父母要把自己对孩子的真心赏识和热切期望传递给孩子，这会成为他强大的精神力量，并增强他对学习、生活的信心和勇气。

☆ ☆ ☆ ☆ ☆

有位朋友是圈内小有名气的作家，他写的励志作品很受人们的欢迎。他说自己从事这行，与小时候接受的家庭教育有很大的关系。

他上学时，数学成绩不太好，上中学前，他的数学没考过六十分，是班里最后一名。他说：“因为数学成绩太糟，我很自卑，平时都不敢在老师、同学面前说话。”

可爸爸妈妈从来没有因此而批评过他。妈妈常对亲戚、朋友以及他的老师、同学讲起他，从他们那里了解他在他们心目中的优点和长处，然后把这些信息传达给他。

有时妈妈带他去亲戚家，当亲戚们谈论自家孩子时，妈妈总是微笑着说：“我很佩服我儿子，他有很强的意志力。”

亲戚问：“听说他的数学成绩不好？”

妈妈说：“但他从不放弃，每天晚上写完作业后，还坚持做课外题。”

亲戚听后就说：“呵呵，你儿子确实挺用功的。”

事后，妈妈会把亲戚表扬他的话转告给他：“她们夸你是个能坚持的人。”

有一次，老师到他家家访后，妈妈向他转告了老师的话：“老师说你是个很勤奋的孩子，要是上课时再活跃一点儿，多提些问题，就更好了。”

当妈妈一次次向他转告别人的话时，他的信心一点点地建立起来了，学习也开始有了动力。

面对“问题孩子”，除了通过父母的话和行动来赏识外，还可以借他人之口来赏识孩子。因为通过第三者的方式更容易让孩子接受，这样更能激发孩子的信心和潜力。

☆　☆　☆　☆　☆

有位从事心理学教育的朋友，有一次向我感叹：“其实孩子犯错误时，父母不要急着批评他，而是要先从自己身上找原因。因为他犯的错误，有很大一部分原因是大人的误导。”

我有些惊讶，说道：“孩子犯了错误，总不能不批评吧？”

朋友说：“批评是可以的，但得在调查清楚事情的起因、经过后，就会发现，孩子在错误中也会显露出优点来。”

他向我讲起最近遇到的一件事情。

朋友的儿子上小学五年级，可能是因为青春期，脾气不太好，平时犯了错误，儿子从不解释，一副“你们爱咋的咋的”的表情。

朋友说：“如果在这时候指责他，那就是进了他的圈套，最后的结局将是双方不欢而散。”说到这里，他笑了：“可我从不给儿子这个机会。”

前几天，老师打电话给朋友，说他儿子在学校和高年级的同学打架，把对方的鼻子打破了，老师批评时，儿子还顶嘴，说这次打架不怨自己。

朋友当时十分生气，赶到学校，在批评儿子前，他像以前一样先了解了事情的原因，才知道儿子打架是因为对方长期欺负班上的一名男生，儿子看不惯才“教训”他的。

朋友对儿子说：“你表现得很勇敢，因为你打架是为了保护同学。但是你出手太重了，而且还和老师顶嘴，这就有点不对了。还有，保护同学并不一定非要用武力来解决的啊。”

看到儿子不说话，朋友接着说：“你是男子汉，我相信你会配合老师处理好这件事的，只要你这次能处理好这种事情，以后做事情一定会比现在有分寸。”

在朋友的鼓励下，儿子向老师认了错，又和朋友一起去看望了那个高年级的同学。

父母要善于从孩子犯的错误中，来寻找孩子隐藏的优点并且赏识他，先赞扬后批评，这样不但会让孩子充分认识到自己的错误，还会继续保持这个优点，并养成良好的对待错误的习惯。

☆　☆　☆　☆　☆

家庭中的赏识教育，需要父母在孩子做事情的过程中，善于发现孩子的努力和进步。通过对孩子努力的赏识，进一步激发他的积极性并加以正确地引导，让他慢慢地来改正。

“问题孩子”的成长需要赏识和赞美，对孩子来说，父母的每一句肯定、赞美、鼓励的话，都会让孩子得到鼓舞，建立自信，获得前进的勇气和动力，激励他奋发向上，从而让孩子健康快乐地成长。

我理解你
——孩子犯错，要给孩子改过的机会

孩子因偶然失误或失足而犯错，父母当然要对孩子进行教育。但这种教育绝不可矫枉过正，不要对孩子采取过于严厉的惩罚措施，要给孩子改过的机会，对孩子的批评需点到为止。

小刚是我在少管所见到的一个15岁男孩，他是因盗窃而被收容教育的。说起小刚的犯罪根源，我很感慨。那是源于他偶然的一次偷窃，却被爸爸狠狠地暴打了一顿。

在小刚13岁时，他因看到一张很喜欢的CD却没钱买，就一时起了贪念。就在他怀揣CD要偷偷离开商店的时候，被店主发现了。

店主发现一个“贼”，哪肯轻易放过？他打电话叫来小刚的爸爸，对爸爸进行了长时间的“教育”。这时，CD不小心掉在地上，外面的塑料壳摔坏了，店主要求小刚爸爸赔偿5倍的价钱。

虽然只是一件小事，可这却让小刚爸爸窝了一肚子火。

回到家，小刚爸爸越想越气，抡起皮带就开始抽打儿子，直到将皮带抽断，抽得小刚的身上青一块紫一块的。

这次暴打在小刚心里埋下了对爸爸仇恨的种子。此后，他就时不时地偷窃，并设法让爸爸知道，以“报复”爸爸。

最终，在小刚不到15岁时，他因伙同几个社会青年盗窃巨额现金而被判入狱。

小刚说：“那次挨打，把我对爸爸的情分都打没了。我就是要犯错，就是要报复他。”

孩子因偶然失误或失足而犯错，父母当然要对孩子进行教育。但这种教育绝不可矫枉过正，不要对孩子采取过于严厉的惩罚措施，要给孩子改过的机会，对孩子的批评需点到为止。

☆ ☆ ☆ ☆ ☆

一次外出购物，在商场外，我看到了这样一幕：

一个4岁左右的女孩，手里拿着一袋饼干，准备撕开口吃饼干。一旁的妈妈几次要帮助女儿撕开口，可女儿不让，非要自己撕。

哪知，女孩用力太大，塑料袋的口撕开得太大，一直从袋子顶端裂开到了底端，手指状的小饼干洒了一地。

妈妈看到后，非常气愤，顺手打了女儿一巴掌，嘴里还大声嚷："你怎么搞的？这么不小心？要我给你撕还不让，真是的。"

饼干几乎全撒掉了，再加上妈妈的呵斥和巴掌，女孩也很恼火，她将剩余的饼干狠狠地扔到妈妈身上，狠狠地打了妈妈几拳，并坐在地上开始耍赖、撒泼，全然不顾路人的眼光。

妈妈一边指责女儿的任性、淘气，一边一根根捡拾地上的饼干，可女孩却故意用脚将那些手指饼干踩烂，不让妈妈捡。

这位妈妈有些小题大做，相信很多孩子的任性、淘气、不听话都是妈妈这样的做法导致的。其实，对女孩的失误，这位妈妈完全可以莞尔一笑，包容女孩的错误，并教给女孩如何拆包装袋的方法。

☆ ☆ ☆ ☆ ☆

齐女士的继子小光，有一次在学校因和同学闹矛盾，和同学打了一架，还将同学的课本全都撕烂了。

在了解了事情经过后，齐女士知道小光被同学冤枉了，所以才一时气急，失手打了同学、撕了他的书。

因为那天我恰巧去小光的学校办事，正遇上齐女士在和老师处理这件事，我亲眼目睹了齐女士的做法。

那一次，齐女士先平和地对小光说："我知道同学冤枉了你，你很委屈，对吧？有什么委屈你跟我说说吧，要知道，我可是你的朋友呢。"

等小光跟齐女士说了自己的想法和感受以后，齐女士告诉他："嗯，我理解你。以后你要记住了，被人冤枉了，有了委屈和伤心事，就跟我说，或者跟好朋友和老师说说，不要先动手打架，好不好？"

最后，齐女士答应那个同学，她会帮助小光承担过错的责任，会和小光一起赔偿他的课本，最终她让两个孩子握手言和了。

听说，那几天，齐女士和小光一起，跑了好几家书店，或在网上购书，终于凑齐了那个同学的课本。

齐女士告诉我，整个过程中，她没有因孩子这次的问题而批评打骂他，而是用行动引导他如何面对这样的事情，引导他通过错误、通过问题学到一些有益的经验。

面对"问题孩子"犯的一些错误，过多的批评可能并不奏效。重要的是，父母要引导孩子如何面对错误，如何从错误中汲取有益的经验。

☆ ☆ ☆ ☆ ☆

有些"问题"孩子犯错，可能较少有愧疚之心。此时，父母的批评指责对孩子来说可能有些不痛不痒，空洞以及过于严厉的批评或许并不能让孩子悔过。

对待"问题孩子"的错误，父母不可过于严厉地批评，但也不要纵容。

父母要包容和接纳孩子的错误，更重要的是要理解孩子犯错背后的原因，并引导孩子在错误中成长，在错误中获得有益的经验。

第四章

擦掉德性污点，身教示范给孩子什么是对错

我们让他坐到这里来
——培养孩子的仁爱之心

有许多父母抱怨自己对孩子付出了全部的爱，而孩子却自私自利，不懂得关心自己。其实，不是孩子缺少爱心，而是父母对孩子的溺爱和不当的教育方式，磨蚀了孩子的爱心。

朋友眼睛红红地给我讲了她同事的事，是一个关于妈妈和儿子的故事。

每到星期天，妈妈就带着7岁的儿子刘波去郊区奶奶家。

一到那里，妈妈就让刘波陪奶奶坐着聊天，或搀扶着奶奶在村里走走，活动活动筋骨。而她自己则卷起袖子，打扫屋子，洗床单晒被子，做几样清淡可口、奶奶爱吃的小菜。

奶奶一次又一次地要给妈妈帮忙做点什么，但妈妈坚决不让奶奶插手，只让奶奶歇着。妈妈还说自己不累，一个人干就行了。

其实，只有刘波知道，妈妈每次从奶奶家回去，都累到腰酸背疼，一两天才能恢复。刘波很心疼妈妈，但是妈妈说奶奶年纪大了，需要她的照顾。

那天，从奶奶家回去的公交车上，妈妈好不容易等来个座位。可是刚刚坐了一站路，前面就上来一位老爷爷，手里还提着很沉的东西。

妈妈隔着乘客对老爷爷招手，示意他过来坐。刚好老爷爷没看见，刘波就抱住妈妈的手，不让她喊。

妈妈笑了笑，附在他耳边小声说：“爷爷和奶奶一般年纪，提着那么重的东西，站着一定很累。我们让他坐到这里来，好不好？”

妈妈的话让刘波很难为情。于是，他扶着几个大人的腿走过去，牵住老爷爷的衣角，走到自己座位上。

晚上，妈妈疲惫地躺在床上，刘波放下手里的玩具，用小手给妈妈捶背，妈妈不让。刘波说：“妈妈，你就让我给你捶一会儿吧。我知道你累了。”

朋友说：“刘波小小年纪，就懂得心疼妈妈，孝顺又懂事，确实让我感动，这都是平时受妈妈影响的结果。”

父母是孩子的镜子。父母的一言一行都潜移默化地影响着孩子。因此，父母要做到孝敬老人、关爱他人、乐于助人。让孩子觉得父母是有爱心的人，自己也要做像父母这样的人。

☆ ☆ ☆ ☆ ☆

“晓亮这孩子，自私得让我寒心。”表嫂委屈地向我诉苦。

五一假期，晓亮要表嫂陪他去西单买衣服。表嫂身体有些不舒服，不想出门。但儿子坚持要买，只能强撑着去了。

辗转倒了三次地铁，转了几个商场、专卖店后，晓亮终于买到心仪的衣服。然而，表嫂已经累到精疲力竭了。

于是，母子俩来到星巴克。表嫂让晓亮去排队买喝的，自己找到一个靠墙的沙发，半倚着坐着。

过了大概十分钟，晓亮拿回两杯咖啡，站在表嫂身边喊：“妈，你起来坐旁边的椅子，沙发让我靠会儿。”

表嫂累得不想动，但晓亮坚持说：“我排队替你买咖啡，累死了。你在这儿多舒服啊。”

“你说这孩子，唉，我简直气得无话可说。”表嫂含着泪说。

我给表嫂一张纸巾，等她平静下来后，说：“其实，晓亮这孩子本质不坏，是因为你平素教育不当。

“譬如，我们刚刚吃饭的时候，晓亮坐的位置靠着厨房，说要帮你盛一碗汤，你死活不让，怕他烫着、碰着，非得自己动手。

“还有上次，晓亮的爷爷给你们家送大米，孩子要下楼帮爷爷扛米，你又拦着不让，还说老人在农村干活习惯了，能扛得上来。

“正是你自己不经意间做的点滴小事，扼杀和剥夺了晓亮的爱心和孝心。让他觉得接受你的爱护和照顾，是理所当然的事，而不知道回报和给予了。”

表嫂若有所思地点点头。

有许多父母抱怨自己对孩子付出了全部的爱，而孩子却自私自利，不懂得体贴、关心自己。其实，不是男孩自私、缺少爱心，而是由于父母对孩子的溺爱和不当的教育方式，磨蚀了孩子的爱心。

☆　☆　☆　☆　☆

那天雨后，小松和几个男孩在小区楼下玩耍。

突然，一个男孩发现一只浑身湿漉漉的小花猫躺在树底下。“好可怜哦。”男孩边说边忍不住伸出小手想去摸它一下。

“别动！它身上没准有跳蚤呢。”他的妈妈在身后尖着嗓子喊。

男孩立刻缩回小手，在一旁当起了“看客”。

我走到小松身边，蹲下身子温柔地对他说：“宝贝，小猫也许是受伤了，也许是生病了。你去把它抱到妈妈这儿来，好不好？”

小松开心地点点头，俯下身去，满脸怜爱地抱起小猫，并用小手轻轻拍打、安抚着它……

小松的这一举动，让我想起了去年的一幕：在小语的生日聚会上，孩子们排着队，用小盘子接过蛋糕，回到座位上开心地吃起来。可轮到小松时，他却接过蛋糕向酒店门口走去。

我悄悄跟在小松的身后，看到他把蛋糕送给一个肮脏的疯乞丐。那乞丐一把夺过，狼吞虎咽地吃起来。这动作，一下把小松吓得不知所措，惊恐地大哭起来。

我连忙赶过去，抱起他说："他好可怜哦。一定是几天没有吃东西，饿坏了。我们原谅他的粗鲁和没有礼貌吧？"

小松紧张的神情松缓下来，挂着眼泪，笑着点点头。

☆ ☆ ☆ ☆ ☆

孩子最初的同情心和怜悯心，是成人同情心和怜悯心的反映。所以，父母同情别人的困难、理解别人痛苦的言行会深深打动孩子的心灵，感染和唤起孩子对别人的关心。

你真是个守信用的人
—— 培养孩子的诚信品德

父母要想让孩子树立威信，获得别人的友谊和尊敬，就得让孩子从小养成信守承诺的好习惯，对别人要讲信用、负责任，在答应别人的事时一定要充分地考虑，不能大包大揽。

有一次，我和一个学弟聊天，学弟对我说：“父母要教育孩子恪守承诺，首先自己就得在行为上做出榜样，否则，不但达不到教育目的，还会引起孩子的强烈反感，严重时会伤害孩子的感情。”

直到现在，他还记得小时候的一件事情。

学弟上小学时，有一次，和一个同学约好，去看望生病的老师。可是他在家等了好长时间，那同学也没来。这时妈妈对他说：“我和你爸今天有时间，想带你到动物园去玩。”

学弟拒绝道：“我不能去，我要和同学去看老师。”

妈妈劝他：“你同学这么晚还没来，可能不去了。走吧，你不是早就想去动物园玩了吗？”

学弟还是不同意，说道：“我不能说话不算话，我还要再等等。”

妈妈说：“说不定你同学不想不去了呢，要不怎么这么晚还没来呢？我猜他已经和爸爸妈妈出去玩了，现在正玩得高兴呢，早把你们的约定忘了。”

在妈妈的劝说下，学弟开始动摇了。当他看到爸爸推出了自行车，就放弃了在家等同学的打算，去动物园高兴地玩了一天。

那天学弟走后不久，同学就来家里找他。就是这件事，让同学认为他说话不算话，还把他失信的事情讲给了其他同学听，让他好长时间都背负着“不讲信用”的骂名。

父母要想让孩子守时守信，不管孩子做的事情多么微小，都要给予及时的鼓励和褒奖，激励他坚持做下去。如果他没有信守承诺，或者一时忘了，父母要及时提醒他并督促他认真完成。

☆ ☆ ☆ ☆ ☆

小松小时候，有一次我们和他约好，周日带他去表哥家找晓亮玩。不巧的是，那天一大早就开始下大雨。因为表哥家离得比较远，而丈夫公司临时加班，他就和我商量不去了。

我不同意，说道：“上周一我们就答应小松了，现在突然说不去，他一定会很难过的。”

丈夫说：“他是小孩子，随便找个借口告诉他不就行了。”

正在这时，换好衣服的小松来到我们面前，高兴地说：“爸爸妈妈，我们什么时候去晓亮哥家啊？”

丈夫正要说话，我向他使了个眼色，对小松说：“现在外面的雨好像很大，要不我们等雨小了再去？”

小松看看窗外，说道：“不怕，我们可以打伞去呀。”

从小松的话中，我感觉到不能取消这次约定，就委婉地说：“爸爸的公司刚才打电话过来，说公司有急事，让你爸爸去加班。他去不了了。”

小松有些失望地看着丈夫，又看看我，说道：“妈妈，要不你带我去吧。我和晓亮哥都约好了，说今天无论如何得去，他已经摆好棋盘，等着和我下棋呢。我不能失信呀。”

我笑着说：“嘿，你还挺讲信用的，那我就陪你去吧。但我提醒你一句话，以后可不能轻易向人许诺，许诺前要慎重考虑，万一有变怎么办？”

那天，我们冒雨去了表哥家后，晓亮激动地抱了抱小松，高兴地说："小松，好样的！你真是个守信用的人。"说着，还冲着表哥表嫂说："我说了小松会来，你们还不信。"

事后，小松笑着对我说："妈妈，其实下大雨那天，我也有点不想去晓亮哥家。幸好你答应了，还很支持我，才让我履行了我的诺言。谢谢你呀。"

要想让孩子恪守信用，父母就得先对孩子恪守信用，这样父母才能在孩子心中建立威信，并能影响到他。同时还要教育孩子，不能随便对别人做出承诺，一旦承诺了，就要负责任。

☆　☆　☆　☆　☆

朋友的儿子过生日前，他要好的朋友问他需要什么东西，他说想要一个新的文具盒。于是，他生日那天，好朋友就用自己积攒的零花钱，为他买了一个精美的文具盒。

他特别喜欢那个文具盒，就高兴地向好朋友许诺："等你过生日时，你告诉我想要什么，我也会送你一件你需要的礼物的。"

朋友对他说："我喜欢写刚笔字，你能送我一套名家的硬笔书法字贴吗？"

他痛快地答应了。

随着好朋友生日的临近，他却变卦了，原来，他到书店看到过那套书法，一共五本，价格将近五十多块钱。如果买的话，将花去他的全部零花钱。

朋友得知儿子的情况后，温和地对他说："和朋友相处，要守信用，如果言而无信的话，不但朋友看不起你，别人知道了也会看不起你的。"

儿子低头不语，朋友接着说："在生活中，我们与人交往，需要信用来维系。一个人的信用是多少钱都买不到的。钱可以再挣，而信用没有了，就很难再树立起来。"

儿子听后，感到很惭愧，就在她的陪伴下，买回了那套朋友心仪已久的名家钢笔字贴。

父母要想让孩子成为恪守信用的人，平时就应该把培养他守信的习惯纳入素质教育范畴内，在生活中，随时随地监督他，让他从小就接受严格的守信教育。

☆ ☆ ☆ ☆ ☆

民无信不立，家无信不睦，国无信不兴，人无信就难以在社会上立足。应该说，诚信是一个人的立身之本，对于孩子来说，只有恪守信用，才能为将来的生存和发展打下基础。

父母要想让孩子树立威信，获得别人的友谊和尊敬，就得让孩子从小养成信守承诺的好习惯，对别人要讲信用、负责任，在答应别人的事时一定要做充分的考虑，不能大包大揽。

我也要说谢谢
——父母做表率，让孩子学会感恩

父母要想让孩子学会感恩，就要时刻创造条件启发孩子学会用感激、感恩的心态面对生活，让他懂得感恩父母、师长、朋友……只有活在感恩中，孩子的内心才会时刻充满温暖。

有位读者看到我的书后，对我说：“老师，你说得对，父母要想让孩子懂得感恩，就要为他创造爱的环境，而且还得从小来培养他。”接着，他向我讲起了一件事情。

他小时候，爸爸每次过生日，会专为奶奶订做一个蛋糕，妈妈会为奶奶准备一份丰厚的礼品。那一天，爸爸妈妈无论多忙，都要尽量挤出时间来陪奶奶。

到了晚上，爸爸妈妈会一起下厨，为奶奶做上一大桌她爱吃的菜肴。当时他很惊奇，别人过生日时，亲戚朋友会买生日礼物给他们，生日蛋糕当然也是为过生日的人订做的。

当他把自己的疑惑告诉爸爸时，爸爸耐心地向他解释：“三十多年前的今天，奶奶十月怀胎，经受了很多疼痛，才让爸爸来到了世上，应该说，爸爸的生日，正是奶奶的受难日啊。”

看他似懂非懂，爸爸继续说：“就是说，我的今天，是奶奶忍受着巨大痛苦换来的，为了向奶奶表达爸爸对她的感恩之情，我才在我的生日时向她表示深深的感谢的。”

他听后，恍然大悟地说：“是不是每个孩子的生日，都是妈妈的受难日啊？那我的生日，同样也是我妈妈的受难日，可为什么我过生日时，你和妈妈要为我买蛋糕，而不给妈妈买呢？”

爸爸笑道："你领会得真快，是这样的，妈妈因为疼爱你，才让你在生日时高高兴兴的。这就是妈妈的伟大之处。为了自己的孩子，她宁愿付出所有的辛苦，但从不要回报。"

爸爸的话深深地触动了他，他立刻说道："我以后过生日时，也要为我妈准备生日礼物，让她在那一天，像过自己的生日一样快快乐乐的。"

直到现在，每次他过生日，都会抽空回家陪妈妈。

身教重于言教，父母要想让孩子树立感恩的正确理念，就要在言行举止方面影响他，这样会潜移默化地让他懂得感恩，父母感恩自己的父母，孩子同样也会感恩父母。

☆ ☆ ☆ ☆ ☆

几年前，朋友带女儿坐地铁时，人很多。有人给朋友女儿让了一个座位，女儿感激地向对方说了声"谢谢"。

女儿正要坐下时，朋友看到身边站着一位老奶奶，就暗示女儿站起来，让她把座位让给老奶奶。老奶奶可能太累了，没有说"谢谢"，只对她笑了笑就坐下了。

朋友看到女儿很不高兴，心里明白，她是怪奶奶没说"谢谢"，就在女儿耳边小声说："宝贝，你刚才做得很好，妈妈为你感到骄傲，同时也谢谢你。"

女儿不高兴地说："你谢我干什么？"

她小声说道："你能在别人需要帮助的时候，毫不犹豫地伸出援手，说明你懂得'助人为乐'的道理，更让我为你自豪的是，你做好事并不图回报。"

过了一会儿，老奶奶站起身要下车了，就微笑着冲女儿指指座位，示意女儿坐下。这时，朋友和女儿才明白，老奶奶是位聋哑人。

这件事对朋友女儿的影响很大，后来，女儿感慨地对朋友说：

"直到现在，我心里仍然很感激老奶奶，她让我懂得了帮助人的快乐。"

父母要让孩子学会感恩，就得让他懂得尊重别人，对别人的给予心存感激，同时还要教育他，助人为乐时是不要求回报的。这样才能让他从知恩、懂恩开始学会感恩、报恩。

☆ ☆ ☆ ☆ ☆

小松小时候，即使他帮我们做一些很小的事情，我都会真诚地对他说："谢谢小松。"

起初他感到很奇怪，就问我："妈妈，我没干什么活，你还说谢谢？"

我对他说："无论你干的活轻重，但是还是帮助了我呀。得到你的帮助，我很感激。"

小松听后，笑着说："那以后你帮我做事情，我也要说谢谢，因为我也很感激你为我做事情。"

从那以后，不管我和丈夫为小松做了什么事情，他都会说"谢谢"的。

有一次，家里来了客人，中午吃饭时，我像平时一样，为客人和全家人把饭盛好，小松接过来，对我说道："谢谢妈妈。"

这时，丈夫把筷子拿给小松，小松接过来，又说："谢谢爸爸。"

客人惊讶地问他："小松，你怎么对爸爸妈妈这么客气呀？不就是盛碗饭、拿双筷子吗，你还说谢谢？"

小松说："爸爸妈妈帮我做事情，再小的事情也是帮忙了呀。"

我笑着夸他："我家小松就是懂得感恩。"

小松听了，冲着我笑起来。

教育孩子懂得感恩，父母要先让他从感恩自己开始，时刻为他创造条件，启发孩子学会用感激、感恩的心态来面对父母的付出。平时还要注意，即便孩子为父母做一点小事，也要及时表扬他。

☆ ☆ ☆ ☆ ☆

感恩既是一种美德、一种智慧，也是一种情感、一种生活态度和生活方式，它来自于人们对生活的爱与希望。常怀感恩之心的孩子，更能得到幸运之神的垂青。

父母要想让孩子学会感恩，就要时刻创造条件启发孩子学会用感激、感恩的心态面对生活，让他懂得感恩父母、师长、朋友……只有活在感恩中，孩子的内心才会时刻充满温暖。

给孩子孝顺你的机会
—— 培养孝顺品德从表达孝心开始

孩子的孝心，不是随着年龄增长自然形成的，而是平时一点一滴积累起来的。要想打造有孝心的孩子，父母平时就应当多给孩子表达和实践孝的机会。

那天，对门的林森和妈妈正在门口“争夺”一只不大的西瓜。

“我去送给王奶奶！不就在隔壁楼道嘛，我认识的。”林森急急地说。

“哎呀，这来来去去跑得多热啊。我去！”妈妈不舍地说。

“你就不热吗？还是我去吧。”但妈妈坚决不同意，林森争执了一会儿，终于放弃。瞅着妈妈下楼的背影，我想说：给儿子孝顺你的机会吧。

小松幼时，奶奶带他去酒店吃婚宴，他拿了一颗巧克力放在兜里。回家后，迫不及待地孝敬我。

“真甜，谢谢儿子！”我欣喜地掰一半含在嘴里，并亲了亲他的小脸，然后说：“还有一半，小松送给奶奶吃，好不好？”

小松笑得像一朵向日葵，拿着另一半走到奶奶跟前。奶奶却心疼地让孙子吃。我让奶奶不要客气，奶奶这才高兴地吃了巧克力。

只有经常这样培养，鼓励孩子有好吃的记得亲人，并和亲人分享，孩子才会渐渐懂得：长辈关爱孩子、孩子孝敬长辈，这是相互的。

孩子随时表现出来的对父母的孝心：让父母分享他的零食、

玩玩他的玩具，或者替父母擦擦汗，父母都要乐意接受，并给予肯定和适时的赞赏。如果像林森妈妈这样阻止孩子的孝心，孩子心底的孝心意识，就会逐渐淡薄。

有的父母也许会说：儿子大了，自然就会懂得孝顺。可是，孩子的孝心，不是随着年龄的增长而形成的，而是平时一点一滴积累起来的。要想让孩子成为有孝心的人，父母平时必须多给他表达和实践孝的机会。

☆ ☆ ☆ ☆ ☆

一次，丈夫陪婆婆去探望小姑陶琳，小语也出去了，家里就我和小松。我感觉有点累，吃过饭后，就想着在床上躺一会儿。

小松以为我病了，跑过来关心我，问我要不要喝水，我让他安心做作业，对告诉他："妈妈没事，只是想休息会儿。"

过了一会儿，小松做完作业后，便轻手轻脚爬到我枕旁，伸出小手摸了摸我的额头。然后，端来一盆热水，用毛巾为我洗脸、洗手，掖好被子，又轻手轻脚退了出去。

其实，他的小手没法把毛巾绞干。滴答的水，洇得被褥上湿漉漉一片，但我却没有阻止他的行为，而是继续闭眼装睡，给小松提供照料妈妈的机会。

可能有些父母会奇怪：我为什么在小松面前装病？

因为，父母有时装病、示弱，会给孩子一份责任感。让孩子知道，父母不会总是照顾他、心疼他。父母也会累、也会生病，也需要他的疼惜和照料。这不但培养了孩子的孝心，更促进了孩子的责任心和使命感。

去年四月，丈夫出差在青海，因手机信号弱，没往家里打电话。

碰巧当时玉树发生地震，小松很担心，一次次用座机拨打爸爸的电话，打不通，又用我的手机继续拨。

一直到晚上9点多，小松终于和爸爸通上话。他用焦急到哽咽的声音说：“爸爸，玉树地震了。你没事吧？我们好担心你……”

小松的牵挂，让丈夫很感动。

孝，需要亲身体验。孩子只有做了，才能体验到。只有不断地实践强化，才能形成一种习惯。当孩子怀着成就感和幸福感，一次次地表达出孝心，这一美德最终必将养成，并且终身受用。

☆　☆　☆　☆　☆

那天下班回家，途径一所小学门口，正赶上放学时间。校门口聚满了来接孩子的父母，人潮涌动，我索性停在围墙边看“风景”。

忽然发现，校门口十几米处的公路陡坡上，一位瘦小的妈妈，正佝偻着腰，一只手紧握车把，另一只则抓紧了后车厢的栏杆，吃力地拖拽着一辆三轮车，老牛负重似地沿着陡坡一点点攀爬。

而车上端坐着她的儿子——一个十来岁的男孩，强壮肥硕的身子，局促地倦缩在车厢里的一只小马扎上。

我忍不住紧跑几步，想帮她推一把，但想了想，我的手在半空中停住，微笑着让男孩下车。男孩有些不好意思地看着我，犹豫着正要起身。不料，妈妈却大声说：“坐好！”

这回，男孩翘起下巴望着我，那神情好像在说：“瞧，我妈她愿意，你就别多管闲事了。”

我无声地望着他们离去，作为一名教育者，心里很不是滋味。

民间有种嘲讽：孝子，孝子，孝顺儿子。可不是嘛，有些妈妈对儿子百依百顺，总是把最好的留给孩子，明明承受着力不能及的负重，也要让儿子端坐车上享福。这样的“爱”在无形中，养成了孩子自我为尊的坏习惯，孝心的培养根本无从谈起。

有些父母已经习惯于付出，满足于孩子的一味获取。但这种“无私奉献”和“劳模”的行为实在要不得。在帮孩子做事时，要培养孩子的孝心和善良。

玩具是大家的
——在尊重的基础上引导孩子分享

孩子不是天生就懂得分享，要靠父母后天的引导。父母要用行动告诉孩子，分享是一种爱。不懂得分享的孩子，别人也不会跟他分享。

小语一进屋，就坐在小松的小五指沙发上歇息。小松跑过来拖拽小语说："姐姐起来，走开，不准坐我的沙发！"

小语既惊讶又生气地说："小松怎么这么小气？姐姐有好吃的，有好玩的都跟你分享，我坐一下你的沙发都不可以吗？"

晚上，我给小松讲睡前故事，小语凑过来一起听，随手抄起弟弟的海豚抱枕。小松一把抢回抱枕说："姐姐去你房间，不许拿我的海豚。"

不一会儿，小语在床边的桌子上拿了一粒雪梅吃。小松居然用手指抠姐姐嘴巴，大叫："吐出来。那是我的！"

小语气得哭了。

现在小松的自我意识越来越强烈，对自己的东西分得很清楚。对他来说，争，是一种本能。这是孩子成长的必经阶段，父母不能强行压制，必须在日常生活中逐渐引导。

那天中午，丈夫买回一个大西瓜。小松讨好地跟在爸爸前后，嚷嚷着要吃。

我却将西瓜分给小松奶奶、爸爸、姐姐，然后自己拿起最后一块，故意"遗忘"了小松。等小松向我讨要时，我对他说："这是妈妈的西瓜。但……妈妈爱小松，如果小松想吃，妈妈可以和你一起吃！”

小松开心地点点头。

我把西瓜分了一半，弯腰送到小松手里，问：“妈妈今天分西瓜给你吃，你以后有好东西，也和妈妈一起吃吗？

小松点点头。我又问：“也跟姐姐一起吃吗？”

小松看看姐姐，犹豫了一下，点点头。

开始，孩子不懂得什么是分享，父母可以用行动告诉他，分享是一种爱。不懂得分享的孩子，别人也不会跟他分享。

☆ ☆ ☆ ☆ ☆

在小松小的时候，有一次，对门的林森来和小松一起玩。林森玩自己带来的消防车，小松玩小桌球。

过了一会儿，林森看到小松的桌球五颜六色，滚着撞着很好玩。于是扔下消防车，要求跟小松一块打桌球。

不料，小松一下用手挡住了球台，撅起嘴巴，断然拒绝：“不行！这是我的。”林森可怜兮兮地求助于我。我让小松和林森一起玩，小松却蛮横地大嚷大叫起来。

于是，我不再理他，关上他的屋门。牵着林森的手到客厅，叫出小语，三个人玩起了坐火车游戏。

小松独自玩了一会，觉得没劲，就走出来想加入我们。我冷冷地对他说：“我们也不带你玩。”然后，让林森抱起火车，小语拿起轨道，我拿起站牌，转移到小语房间去玩，故意把小松晾在一边。

事后，我招手让儿子到身边，低头贴在他耳边问：“我们不带你玩游戏，你高兴吗？”

小松摇摇头说：“不高兴。”

“那你刚才不让林森和你一起玩台球。对不对呀？”

小松还是摇摇头。

有时候，父母让孩子分享东西，可能会引起孩子的不满与争吵。但这并不意味着可以纵容孩子的任性。父母经常使用的解决办法，就是对孩子说：“你跟别人分享自己的玩具，别人才会跟你分享，否则没有人会喜欢你。”

☆ ☆ ☆ ☆ ☆

还有一次，在亲子活动上，小松拿着一个仿真麦克风正在唱歌。一个女孩冲过来，劈手给抢走了。

小松无助地望着我，我抱住他说：“玩具是大家的，别的小朋友也可以玩。但是，用抢很不礼貌，是不是？”

小松含着眼泪点头。

我又问：“如果你是那位姐姐，会怎么做呢？”

小松想了片刻，说：“我会说，咱俩一块儿拿麦克风唱歌好吗？”

我笑了笑，鼓励他现在就去找那个姐姐商量。

☆ ☆ ☆ ☆ ☆

林森很喜欢我从无锡带给他的一套陶瓷小茶具。他非常珍惜，总是小心翼翼地把茶具排列在盒子里，生怕一不小心给打碎了。

那天，他的表弟来家里做客，也十分喜欢他的小茶具，并想用其中的一只小杯子喝茶，却遭到了林森的拒绝。

妈妈为此很生气，责备儿子自私、小气。

林森说：“表弟笨手笨脚，来家里不过半天功夫，不但打碎了一只饭碗，还把我的水晶球给摔裂了。”

但是妈妈不听，坚持让林森拿出陶瓷小茶具给表弟喝茶。林森愤怒地转身跑进房间，“砰”一下关上自己的门，拒绝任何人进来，直到表弟一家离开。

妈妈觉得林森很不像话，怒气冲冲地教训他说：“你现在不懂得分享，将来长大会变成一个自私自利的小气鬼。”

虽然，林森妈妈想让儿子学会分享，可她不了解林森内心的想法。她不知道，正是自己粗暴地对待孩子，反而激起孩子更强烈的占有欲。

当孩子不愿意跟人分享时，父母不要强行要求孩子按自己的意愿去做，尤其是心爱的物品。如果有其他孩子来家里做客，父母可以提前跟孩子商量，问清楚哪些玩具是他不愿意和人分享的，建议他收好，不要轻易拿出来展示。

☆　☆　☆　☆　☆

勒令孩子分享心爱的东西，对孩子无疑是一种伤害。当孩子拒绝父母的“强制执行”时，父母应尊重孩子的意愿，否则“小气”可能会变本加厉。

我哪里聪明，是老师教得好
——让孩子养成谦虚的好习惯

要想让孩子养成谦虚谨慎的好习惯，父母要在他小时候，就引导他戒骄戒躁，让他知道人外有人、天外有天，同时还要用自身谦虚的言行来影响他，让他在谦虚中不断取得进步。

小松上小学四年级时，有一次回家后气愤地对我说："以后我再也不理我同桌了。"同桌是他的好朋友，从一年级开始，俩人就无话不说。

听他用这种语气说同桌，我猜出他俩可能闹别扭了，就问他："你们是不是吵架了？好朋友之间，要互相理解——"

小松打断我说："没有吵架，是他当着老师的面讲我的坏话。"

我问他："你怎么知道的？有些话，不能听别人说，只有自己亲耳听到，才能下结论的。"

小松更加气愤了，说道："他是当着我的面对老师说的。"接着向我讲了事情的原因。

原来，前几天语文小测，小松考了满分，事后老师得知他翻书偷看答案了，就把他叫过去谈话。小松不承认，老师就把同桌叫过去作证。

同桌说道："小松的语文一直不错，可就是有一个缺点，太不自信。我看到他偷看书了，虽然他没有抄，但是他因为害怕错，就拿出书来对照着答案看。"

小松讲完后，对我说："我觉得他是我的好朋友，不会告诉老师这些的，可他全说了。让老师把我狠狠批评了一顿。”

我耐心地劝他：“好朋友提出你的缺点，你不但要虚心地接受，还得感激他啊。一个人，只有认识到自己的缺点，才能进一步完善自己，让自己取得更大的进步。”

父母要教育孩子谦虚，就得让他正确对待别人的批评、建议。俗话说，当局者迷，旁观者清。孩子只有听进去别人善意的批评和建议，才是谦虚的表现。

☆　☆　☆　☆　☆

丈夫小时候，数学很好，一直是全校第一名，但他从来没有在人前炫耀过。有时同学的爸爸妈妈夸他聪明时，他总是谦虚地说：“我哪里聪明，是老师教得好。”

对方就逗他：“照你这么说，是我家孩子笨了，为什么你们是同一个老师教，我家孩子就学得不好呢。”

他立刻说：“他那么聪明，只要稍微努力一下，就能学好。”

听了他的话，同学嘴上不说，心里却很受用。

有一次，我问丈夫：“你那么小，数学又好，怎么还这么谦虚？”

丈夫说：“那时，父母经常带我到亲戚朋友家去玩，他们的孩子，一个个都很出色，有的就读于清华、北大，有的上大学时就被选送到国外深造去了。与他们相比，我差远了。”

要想让孩子克服骄傲的情绪，父母要帮助他客观全面地认识自己，耐心教导他要谦虚谨慎，多找自己的缺点、不足，同时为他提供接触外界的机会，让他知道山外有山，只有不断努力，才能让自己进步。

☆　☆　☆　☆　☆

亲戚的儿子上小学四年级，他人很聪明，从小学一年级到现在，一直是班里的第一名。可最近他开始厌学，对亲戚说：“妈，我不想上学了，要不你给我转学吧。”

亲戚不明白：成绩一向很好的儿子，怎么突然不想上学了？于是，亲戚就打电话给老师，问儿子最近的学习情况，老师说：“他成绩比以前还要好，在课堂上回答问题也很活跃。”

亲戚更疑惑了，问儿子原因时，儿子说：“班里的同学让人很讨厌，我不爱和他们在一起玩。”

她预感到儿子没有说实话，就去找儿子最好的朋友问情况。那个男孩以前是儿子的同桌兼好朋友，后来不知道为什么，两人闹翻了。

男孩告诉她：“他太骄傲了，不把任何人放在眼里，老师让他帮着收作业，他动不动就指责我们作业写得不好。上次我的语文作业少写了一个字，他就告诉老师说我没写作业。”

在亲戚耐心的询问下，男孩又说：“他太自以为是了，什么事情他都要争，上课他回答问题最多，画画比赛、唱歌比赛、作文比赛等等，什么比赛他都要争，一点儿不给其他同学机会。”

听到这里，亲戚才明白儿子不想上学的原因。平时她和丈夫经常夸儿子的优点，有时即使他做得不好，怕他气馁，他们仍然会夸他。

时间长了，儿子开始骄傲了，并把这种骄傲情绪带到了学校，因为过于张扬，凡事都要压过别人，他的这种做法遭到同学的嫉妒，大家联合起来不理他，他才不愿意上学了。

事后，亲戚对儿子说：“你以后要学着谦虚谨慎一些，这样才能获得同学的好感。”

儿子问：“怎么才能做到谦虚谨慎呢？”

亲戚说：“学校有比赛时，不要一个人全都占了，要学会把机会留给其他同学。除此以外，平时和同学说话，态度要和气，只有赢得同学的信任，你才能换来他们的喜欢。”

要想让孩子懂得谦虚，父母平时就不要过度夸奖他，而是适时恰当地来表扬，并且还要掌握表扬的技巧，就事论事，既不完全肯定他，又能让他看到自己的价值。

☆ ☆ ☆ ☆ ☆

谦虚是一项积极有力的特质，如果妥善运用，会让孩子在精神、文化或物质上不断地提升和进步。父母只有让他懂得谦虚，他才能认识到学无止境的含义，从而不断吸收新的知识。

要想让孩子养成谦虚谨慎的好习惯，父母要在孩子小时候，就引导他戒骄戒躁，让他知道人外有人、天外有天，同时还要用自身谦虚的言行来影响他，让他在谦虚中不断取得进步。

生活是他自己的
——培养责任感，让孩子为自己负责

父母让孩子在自己感到冷的时候学会穿衣服；父母也不要替孩子整理书架，而要让孩子按照自己的习惯摆放书籍。从这些小事入手，孩子会变得更有责任感，他也会觉得生活是他自己的。

以前，小语周末去参加美术培训的时候经常会忘了带东西，不是忘了带画纸，就是忘了拿颜料，每次都是给我打电话让我给她送去。

为此，我给她说了很多次，自己的事情自己负责。小语每次都答应得很好，但是下一次还是犯同样的错误。

那次小语出门前，我特地嘱咐她："你检查一下，看自己的东西带全了吗?"她说带全了。可是到地方后，小语才发现自己没拿素描纸，打电话让我给她送过去。我很和蔼但是坚决地拒绝了小语的要求。在这之后，小语真的很少再丢三落四了。

天气变冷的时候，父母不要先对孩子说："该穿厚衣服了"，而要让孩子在自己感到冷的时候学会穿衣服，父母也不要替孩子整理书架，而要让孩子按照自己的习惯摆放书籍。从这些小事入手，孩子会变得更有责任感，他也会觉得生活是他自己的。

☆ ☆ ☆ ☆ ☆

父母对孩子溺爱，使孩子没有机会就某件事做出负责的行为，因为孩子能做的就是按着父母的命令去执行。只有给孩子负责任的机会，孩子才能知道什么是责任，怎么对自己的行为负责。因此，父母不要替孩子承担责任，也不要为孩子推脱责任，而是给孩子自己负责的机会。

小语吃饭的时候不用心，经常一边吃一边逗家里的小狗玩。为此，我批评过她好几次了，可是她都不往心里去。

今天吃饭时，她又拿着菜逗着小狗，没想到小狗跳起来的时候不小心撞到了小语手上的盘子，小语没拿稳，盘子立刻摔碎了。小语看着碎片和菜说：“你们看见的啊，不是我的错。”

我觉得该培养小语的责任感了，让她回到自己的书房，反省一下。后来，我又问她：“你有错吗？”

“是我的错，我不该在吃饭的时候逗小狗的。”小语不敢直视我的眼睛。

看到小语承认自己的错误了，我继续说道：“盘子碎了是你的责任，你也认识到了。那你就必须为你的错误承担责任，你把你的零花钱拿出来买一个新的盘子。”小语同意了。

☆　☆　☆　☆　☆

孩子的责任心不是一下子就养成的，更多的时候，它是在生活中自觉形成的，这也侧面对孩子的孝心、善良等基本品质也提出了一些要求。

这里有个例子，就是因为一个孩子的孝心，给了他无穷的责任感，并且激励他取得很大成就。

凯·西厄班是瑞典物理学家。12 岁那年，他的妈妈因为过度劳累病倒了。为了节约开支，她没有去医院治疗，只是买了药在家治疗。妈妈病得很厉害，躺在床上什么也不能干了。爸爸为了给妈妈治病，外出打工了。

家里只剩下妈妈和西厄班两个人。为了让妈妈安心养病，西厄班主动承担了家里的所有家务。尽管只有 12 岁，他每天要洗衣做饭，给妈妈喂药。

西厄班每天做完家务、照顾完妈妈都已经是深夜了，他还要学习。在妈妈面前，他从来没有表现出劳累。妈妈看到责任感如此强烈的孩子，非常欣慰。

1981 年，西厄班获得了诺贝尔物理学奖。

正是凯·西厄班的孝心促使他责任感的产生，家庭责任感升华成社会责任，最终成为对社会有用的人。可见责任心是孩子立足于社会、获得事业成功至关重要的品质。

☆ ☆ ☆ ☆ ☆

孩子的责任心不是与生俱来的，而是在生活各个细节中渗透形成的。孩子自己可以做的事情就让他自己去做，孩子做错了事情，就要让他承担，不要让他在别人身上找原因。这是培养孩子责任心的好办法。

第五章

纠正出格行为，用赏识给予孩子“正”影响

我不爱吃，要吃你吃
——教孩子正确释放不良情绪

孩子发脾气，一定是因为某件事使他内心有了不良的情绪，发脾气是他释放这种不良情绪的最常用的一个途径。

前两天，小语动不动就跟我和丈夫发脾气，像个炮仗，一不小心就被点着。

吃饭的时候，丈夫给小语夹菜，“多吃点菜，你学习那么紧张，得加强营养。”小语则生气地把菜夹回盘子里，“我不爱吃，要吃你吃。”她的口气里带着埋怨。

吃完了饭，我招呼小语：“小语，帮我把碗筷拿到洗碗池里好吗？”小语很不情愿地回答说：“等一会儿收拾不一样吗？”

我和丈夫都很纳闷。

我想：小语一定有心事，得找她谈谈。

忙完家务，我走进了小语的房间，问她：“你最近是不是有心事？看着不开心啊，跟我说说，发生什么事了？”

小语支吾着不肯说话。我没有强迫她说，只是一手握着她的手，一手抚摸她的肩膀。

许久，小语才开口。

原来，小语这次测验很不理想，名次在班里下降了十几名，她感受到了很大的压力。

“把你的想法和感受说出来，心里会舒服些。”我鼓励小语说。孩子有压力或烦恼，倾诉是一种减压的办法。

小语的话匣子一下子打开了。她讲述了自己刚开始对这次测验的期望，讲述了在测验中感受到的压力，讲述了没有答好题目后的自责，以及知道成绩后的沮丧。

大约20分钟，我一直耐心地听她诉说。她说完后，长舒了一口气。

此时，我才和她一起分析这次考试的经验和教训，最后不忘给她一些鼓励和建议。

☆ ☆ ☆ ☆ ☆

一次，小松上体育课，老师要求同学们锻炼长跑，而喜欢打球的小松跑了不到一圈，就拽着另一个喜欢打球的同学溜出了队伍。

两人去了篮球场和另一个班自由活动的同学打起了球，结果打得入迷，忘了时间。

等到他们停止打球的时候，发现自己班的同学已经跑完长跑，开始下一项活动了。

体育老师是个厉害的角色，当小松和那个同学回到队伍的时候，老师狠狠地、不留情面地批评了他俩。

小松很不服气，放学回到家还一肚子火。我指出他的错误时，他还委屈地冲我发起了脾气。

“你不服气是吧？来，我带你去打球吧。”我拿起小松的篮球，拉着他去了小区的体育场。

“如果你觉得体育老师不对，你就把这个球想象成你的体育老师，如果你觉得是我不对，就把它想象成我，使劲地打吧。”到了体育场，我这样对小松说。

小松很投入地打了很久，我只是不时地给他捡球、传球。

打得满头大汗时，小松停了下来，对我说：“妈，今天这事是我不对，不怪老师，也不怪你。”

我望着他，笑了笑说：“打累了吗？打累了我们回家。”

“回家。”小松回答我。

☆ ☆ ☆ ☆ ☆

孩子发脾气，一定是因为某件事，使他内心有了不良情绪，发脾气是他释放不良情绪最常用的一个途径。父母要接纳孩子的这种表现，不能因此简单地训斥他，而要想办法让他把不良情绪发泄出来。

鼓励孩子表达出内心的不良情绪，是一个好办法。在这个过程中，父母的倾听很重要，因为很多时候，仅仅倾听就会对孩子减少不良情绪有很大帮助。

除此之外，进行体育运动、捶打沙袋、大喊大叫等，都是孩子发泄不良情绪的有效途径。

☆ ☆ ☆ ☆ ☆

小松不到2岁的时候，看到了丈夫从国外带回来一套瑞士军刀，立刻对它产生了浓厚的兴趣。

这些刀很锋利，小松不知道保护自己，玩这种东西很容易受伤害。

趁小松不注意，我把瑞士军刀放在了柜子的上端。小松发现后，不依不饶，抱着我的双腿开始耍赖。

我不断劝慰他放弃军刀，“那个东西小孩子不能玩，很危险。”“我们去玩城堡好不好？”

小松不听，开始冲我发起了脾气。他不时用小拳头捶打我，或抓起茶几上的餐巾纸盒、笔、电视遥控器等物品，狠命地往地上摔。

最后，他索性倒在地上打起了滚儿。

我不再劝他，狠心不理他，一言不发地走开去忙自己的事情，任凭他发脾气。

我一边忙着自己的事情，一边偷偷地观察他，发现他也不时抬眼看看我，然后继续哭闹。

过了大约 5 分钟，见我始终不妥协，小松的哭闹声渐渐小了，大概是累了。最后，我见他自己悄悄爬了起来，拿起茶几下面的电动汽车玩了起来。

☆ ☆ ☆ ☆ ☆

孩子发脾气有多种原因，父母要区别对待。

像上例中小松的做法，就是因为他的不合理要求没有得到满足而发脾气。这个年龄的孩子很多道理还不明白，他有时发脾气就是无理取闹。

如果孩子无理取闹，父母可冷处理，坚持原则不放松，以让孩子明白某些规则。

你是蠢猪
——让孩子改掉说脏话的毛病

如果孩子通过说脏话来表达自己的愤怒和不满，对这种情况，父母首先要接纳孩子的情绪，设法帮助他疏导内心的愤怒和不满，帮助孩子处理好情绪。

小区里有一个名叫小小的5岁女孩，长得很漂亮，很喜欢讲话。但是，小小却是个不怎么受欢迎的孩子，小区里很多孩子都不喜欢和她一起玩，连很多成年人也不喜欢她。

有一次，在小区广场上，我发现小小又在一个人玩沙土。这时，小小发现一个女孩走过来，她就走到这个女孩跟前，要跟她一起玩。但这个女孩见到小小，走开了。

那天下午，我看到小小连续找了三四个和她年龄相仿的孩子，要求和对方一起玩，但都遭到了拒绝。

我知道，小小之所以不受欢迎，主要是因为她喜欢说脏话，谁若惹她不高兴，她就对谁说脏话，无论大人孩子都是如此。

后来，从一位和小小住在同一单元的居民口中，我了解到，小小的妈妈是个粗鲁的家庭妇女，很喜欢说脏话，与家人或外人发生了矛盾总是骂人。

我知道了小小喜欢说脏话的根源：她无意中模仿了妈妈的待人处事方式，学会了利用说脏话的方式来表达自己的不满和对别人的愤怒。

可见，要避免孩子说脏话，父母首先讲话要文明，杜绝说脏话的毛病。

有时，孩子最初可能只是觉得说脏话好玩，所以模仿别人，他此时并不明白脏话的含义。对此，父母也可用冷处理的方式，孩子说脏话时不理他，慢慢地，孩子就觉得说脏话没意思了，就不再说了。

☆ ☆ ☆ ☆ ☆

一次，在一家商场门口，我遇到一位妈妈和她不到2岁的儿子，看到了他们之间有意思的一幕。

天凉了，妈妈要求儿子穿上外套，并要把他抱上宝宝车，好像要准备回家。

但儿子玩得正高兴，到处跑着跳着，并不听妈妈的吩咐和要求。妈妈就想强行为儿子穿上外套，并强行把他抱上了宝宝车。

男孩对妈妈的强制很不满，他使劲挣脱妈妈的手，可无奈敌不过妈妈的一双大手。男孩索性更使劲地四肢乱动，同时，他嘴里还不住地对妈妈说："废物，废物！"

见儿子如此反抗，妈妈索性松了手，有些不好意思地看了看周围的人。

我很奇怪，一个小男孩为什么说这样的话。过了一会儿，我好奇地走上前与孩子的妈妈聊了起来。

原来，男孩的爸爸在自己做不好某事，或发现妻子和儿子做不好某事时，就喜欢用"废物"这个词来表达不满和愤怒，意思是骂自己或家人是个没用的人。

我猜，男孩也在用这个词表达自己对妈妈的愤怒，虽然他或许还不明白这个词的准确含义，但我相信，他根据这个词和爸爸愤怒的表情同时出现这件事，知道了这个词可以表达愤怒。

如果孩子通过说脏话来表达自己的愤怒和不满。对这种情况，父母首先要接纳孩子的情绪，设法帮助他疏导内心的愤怒和不满，并纠正孩子通过说脏话的方式表达愤怒等不满情绪。

☆ ☆ ☆ ☆ ☆

小语4岁时，有一次，她和一个小伙伴一起玩，那个小伙伴不小心将小语的小鸟玩具弄坏了。

小伙伴不仅没有向小语道歉，还在她的玩具上踏了一脚，这让小语很伤心。

气愤的小语就对小伙伴说了句："蠢猪！"这是她刚跟另一个小朋友学的骂人的话。那个小伙伴见小语骂她，也很生气，就说："你是蠢猪！"

"你是蠢猪！"小语更气愤地骂对方。

两个孩子就这样对骂了起来。

小伙伴的妈妈见状，也很气恼女儿的表现，急忙上前来给了女儿一巴掌，然后严厉地训斥她："你把小姐姐的玩具弄坏了，怎么还骂人呢？真不懂事。"

看到小语很伤心的样子，我也有些心疼，就走上前，拥抱了她，说："小妹妹弄坏了你的玩具，我知道你很难过，来，妈妈抱抱。"

我对那个小伙伴和她的妈妈轻轻摇了摇头，告诉她们说："没事了。"

几分钟后，小语的情绪平静了些。这时，我对她说："刚才小妹妹把你的玩具弄坏，你很生气，你可以告诉她你很生气，告诉她不要这样做，但是你不可以骂人，知道吗？"

小语不说话，依然气嘟嘟的，撅着嘴巴。

沉默了一会儿，我又说："你要是还想要这种玩具，妈妈再给你买一个。你跟小朋友闹了矛盾，你就告诉他你的想法，和他商量怎么解决矛盾，但是不可以骂人，你说对不对？"

小语这才点点头。

孩子骂人，可能是与人发生了冲突而受了委屈。此时，父母要教给孩子如何解决人际矛盾，告诫孩子不可用骂人的方式应对矛盾，而是要表达出感受和想法，商量着解决矛盾。

☆ ☆ ☆ ☆ ☆

孩子说脏话，有的是因为好奇而模仿，有的是因为对与之产生冲突的人表达不满和愤怒。

对说脏话的孩子，父母不要盲目指责他，而要先了解孩子的真实想法。

然后，父母要区别对待孩子说脏话的情况，对于因好奇模仿而说脏话，父母可冷处理。对因与人产生冲突而说脏话，父母要理解孩子的情绪，帮助孩子疏导情绪，并引导孩子正确处理人际矛盾。

我没吃那些西瓜
——孩子撒谎，父母要耐心教育

孩子或者为了达到自己的目的，或者为了避免父母的批评，就会用撒谎来欺骗父母。这时候，父母不要打骂孩子，而是要耐心教育。

小语很喜欢吃西瓜，有时为了吃西瓜连饭都不吃了。

在她4岁的一天，我切开半个西瓜。

当时，家里只有我、小语和丈夫三人，丈夫正在房间里打电话，我就和小语一起先吃起了西瓜。

我吃了几块，把桌上剩下的四块西瓜分成两部分，对小语说：“你再吃这一块，这三块给爸爸留着，知道了吗？”

小语眼巴巴地看着桌子上的西瓜，“嗯”了一声。

说完，我去洗衣服了。

等我洗完衣服回到客厅，发现只有小语一个人，她还在吃西瓜，桌上只有一块了。

我突然明白了什么，那些西瓜全让小语吃了。我问小语：“小语，那些西瓜谁吃了？”

“爸爸吃过了。”小语有些焦急地说。

我没再说什么，去了房间，发现丈夫正在看书，就问他：“你吃过西瓜了吗？”

“没有啊，有西瓜吃啊？”他站起来，准备去吃。

我回到客厅说：“小语，你跟我说实话，你今天吃了几块西瓜？”

小语不说话。

“来，妈妈给你讲个故事……”我开始给小语讲《狼来了》的故事。

故事讲完了，我告诉小语说：“小孩子说谎，会让别人都不相信他的，你看故事中的这个牧羊童，多可怜啊。”

小语的表情此时有点难为情，我没有再逼问她西瓜的事，只是担心她会拉肚子。

还好，一切都没有发生。只是此后，小语很少再撒谎。

☆ ☆ ☆ ☆ ☆

同小区里一位妈妈给我讲过这样一件事：

一天早上，一切收拾好后，她送儿子小宝去幼儿园。

小宝刚上幼儿园不久，还不太适应幼儿园的生活，每天早上都磨磨蹭蹭不想去，这一天也不例外。

当母子俩慢悠悠地走到小区门口时，小宝突然说：“妈妈，我的发光笔没带。”

小宝说的发光笔，是爸爸前几天出差时带回来的纪念品，小宝一看到它就喜欢上了，无论去哪里都带在身边，这支发光笔几乎成了小宝的安慰物。

“是吗？我们回家取吧。”妈妈说。

到了家，妈妈到处寻找那支发光笔，小宝只是呆呆地站着。

妈妈问他：“你的发光笔放哪儿了？”

小宝不说话，他的神情和举动让妈妈觉得奇怪。

过了一会儿，妈妈像是突然意识到了什么，开始翻看小宝的书包，发现发光笔在里面，这其实是早上小宝自己放进去的。

想到小宝撒了谎，妈妈气不打一处来，随手就给了他一巴掌，小宝哇哇大哭起来。

孩子或者为了达到自己的目的，或者为了避免父母的批评，就会用撒谎来欺骗父母。这时候，父母不要打骂孩子，而是要耐心教育。

☆ ☆ ☆ ☆ ☆

小语上幼儿园那段时间不太喜欢吃鸡蛋。

一天早上，我煮了几个鸡蛋。

我拿起一个鸡蛋在茶几上磕了磕，递给她说："来，你自己把皮剥开，把它吃掉，妈妈去帮你盛粥。"

等我盛好粥，再回到客厅的时候，发现小语手里的鸡蛋已经不见了，茶几上散乱地放着一些鸡蛋皮，但那些很明显不够一个鸡蛋的皮。

我想：这么短的时间，小语不可能将一个鸡蛋吃完。

我蹲下来，问小语："鸡蛋呢？你都吃了吗？"

小语什么都不说，只是看着我，表情有些不自然。

"告诉妈妈，鸡蛋哪儿去了？"

小语还是不说。

"小语，你是不是很不喜欢吃鸡蛋啊？"

这一次，小语点了点头。

"那你告诉妈妈，刚才那个鸡蛋去哪儿了？"我又问。

在我看来，孩子吃不吃某种食物，常常只是习惯的问题。

小语终于指了指水果盘，我往果盘里一看，在苹果下面，果然有一个鸡蛋。

我把鸡蛋取出来，剥掉了剩余的鸡蛋皮，冲洗干净。

"我把鸡蛋弄碎，放到粥里面，这样吃下去好不好？"小语喜欢喝粥，我就提了这样一个建议。

见无法避免吃鸡蛋，小语勉强同意了。

☆ ☆ ☆ ☆ ☆

遇到孩子撒谎，父母千万不要斥责和打骂他，这对克服孩子撒谎没有实质性的帮助，反而会伤害孩子。

孩子撒谎，父母首先要与他真诚地沟通，要了解孩子的真实想法，弄清楚孩子撒谎的原因。

然后，父母要给孩子讲清道理，让孩子意识到撒谎是不对的。同时，教育他通过正当的方式，比如用语言，来表达自己真实的愿望和需求。

让他向东，他偏向西
——正确对待孩子的逆反行为

对孩子来说，逆反心理是孩子主动宣泄消极情绪、表达被压抑的真实情感的表现。如果父母加以正确的引导，既有利于培养他的创新能力和独立能力，也可以促使他形成良好的品质。

亲戚的儿子上了中学后，脾气变得很暴躁，动不动就顶撞他们，做什么事情都和他们对着干，让他向东，他偏向西。有时好心提醒他，他也要发一股无名火。

亲戚无可奈何地说："我真的不知道，他对我们哪儿来那么多的仇恨。有时想起他小时候，跟在我身后问东问西的样子，我心里伤心极了。"

她讲起前几天发生的一件事情。

还有一周，儿子就要期中考试了，可还是每天上网到晚上十一点多，丈夫说他好几次都不听，后来一气之下，把网线拔了。儿子知道后大怒，和丈夫狠狠地吵了一架。

亲戚说："儿子脾气很大，现在不但不和他爸爸说话，也不理我，连我做的饭也不吃。我问他为什么不理我，他说是我指使他爸拔网线的。"

我劝她："孩子大了，有了自己的想法，有些事情，不能来硬的，要站在他的角度去想一想，比如他上网，你要慢慢引导他，而不是强行拔掉网线。"

她说："说了，他就是不听。"

我说："单纯的说教是不行的，当他对某件事情感兴趣时，你要想了解他，就要对他感兴趣的事也产生兴趣，这样你们之间就有了话题，交流起来会容易一些。”

孩子逆反时，父母要耐心地引导、帮助他，结合他的情况，和他进行讨论式的对话，或是和他一起做他喜欢的事情，当他做的事情很荒唐时，父母要委婉地提醒他。

☆　☆　☆　☆　☆

小松上中学后，变得沉默寡言，每天放学后就把自己关在房间里，不再像以前那样向我讲他班上发生的事情了。有时我主动问他，他也找理由拒绝。

有一段时间，我看到他特别喜欢看漫画，给他的零花钱，他舍不得花，全部买了漫画书。丈夫见他这么痴迷，怕影响他学习，好几次想批评他，被我阻止了。

我对丈夫说：“他迷上漫画，就说明漫画有吸引人的地方。要想接近他，我们就得喜欢上漫画。”

趁小松高兴的时候，我向他借了好几本漫画书，开始我看时是怀着了解他的目的看的，有些心不在焉，结果看了没几页，我就入了迷。看完后，我又向小松去借。

小松惊喜地问我：“妈妈，你也喜欢看？”

我回答：“这么有趣的书，谁不喜欢啊。”接着“埋怨”他：“你太自私了，好看的书，也不推荐给我们看。”接着，我向他讲起里面一些精彩的细节。

他听后受到感染，就和我讲起来，那天我们聊了好长时间，他讲完漫画，又讲最近学校里的事情，听着他的话，那个天真可爱的男孩，仿佛又回到了我身边。

有了“共同”的爱好，我们也就有了“共同”的话题，因为和他交流多了，当他有什么问题时，我只要委婉地提出，他会很乐意接受的。

之后，小松又像以前那样，什么事都爱和我讲了。

父母要理解、谅解和接纳孩子青春期特有的逆反心理，要宽容他，以坦然的心态和他交流，当孩子心里接纳父母时，就不会与父母较劲了。

☆　☆　☆　☆　☆

有位朋友，是公司的主管，她对我说："前几天向老板为员工申请午餐补贴时，才深深体会到儿子的逆反心理，明白儿子为什么一次次要求自己独立了。"

她说那种看着对方脸色"要钱"的滋味真的很不舒服，而且自己还是因为公事。她说："现在我意识到，青春期的儿子有逆反情绪，是因为我们没有给他放权。"

接着她讲起儿子的事情来。

朋友儿子上中学后，动不动就向她提"要求"，如果她一反对，儿子就发脾气，有时好几天不和她说话，说是和她"没有共同语言"。

有很多次，儿子问她："我为什么连自己的事情也做不了主？"

她说："我们又不缺你的吃穿，你还想做什么主？"

儿子说："上周日我和同学打球，到了中午又累又饿，想吃点东西，可口袋里那点零花钱，只够买瓶水了。"

起初她以为儿子是想涨零花钱，就和丈夫商量为他涨了一些。可是儿子仍然不满足，有一次竟然说："我想长大，就是因为大人可以支配自己花钱。"

她说："当时我没明白怎么回事，现在才明白他的意思了。"

后来，她和丈夫同儿子谈过后商定，每学期额外给他五百元专项经费，开学前就给他，让他自己来支配。

然后对他说："你长大了，我们相信你会把这些钱很好地用在生活和学习上的。"

儿子拿到这笔经费后，再也不像以前那样向她提要求了，同时在学习上也更加主动了。

青春期孩子的逆反情绪主要表现在“独立”上，既渴望思想独立，也渴望经济独立，父母要适当地向孩子“放权”，并告诉孩子权利和义务的统一性，让他享有自主权的同时，还要承担对学习、家庭的责任和义务。

☆　☆　☆　☆　☆

对孩子来说，逆反心理是孩子主动宣泄消极情绪、表达被压抑的真实情感的表现。如果父母加以正确的引导，既有利于培养他的创新能力和独立能力，也可以促使他形成良好的品质。

父母要正确对待有逆反行为的“问题孩子”，即使他行为过分，也要耐心对待，等他平静时再和他交流你的想法、感受，让他有机会反省。只有教育引导得法，才能让他身心健康地成长。

他不再迷恋网络
——用生活乐趣帮孩子戒除网瘾

很多孩子迷恋网络，多是因为在现实中找不到乐趣，从而到网络中去寻找乐趣。所以，要克服孩子的网瘾，父母不妨帮助孩子在现实生活中寻找一些乐趣，充实孩子的现实生活。

在亲子交流群里，有个妈妈跟我讲过这样一件事，她说，自己的儿子很喜欢在网上跟网友聊天，学习因此受到了影响。

妈妈提醒儿子要抓紧学习，好强的儿子也意识到自己的成绩有下降，并开始发奋努力。

那段时间，儿子每天都在妈妈的监督下专心学习，本来就聪明、底子也不错的他，那次考试得了全班第二名，进步了近二十个名次，这是个很大的进步。

妈妈很高兴，就根据儿子的喜好，奖励他在2个月内，每周末可以多上几个小时的网。

得到妈妈的允许，儿子又开始上网。次数多了，儿子每次上网就又忘了时间，并在学习上松懈了。

原来，儿子就在那段时间上网时学会了一种新游戏，并逐渐迷上了这款游戏，越来越无心学习。

而这一次，儿子迷恋网络的程度比以前更甚，他有时会在夜深人静、爸爸妈妈都睡下后，悄悄爬起来上网玩游戏。

妈妈又一次发现儿子迷恋网络的事实。她很生气，担心儿子的成绩再受到影响，就将网线拔掉，将儿子的电脑也没收了，来了个釜底抽薪。

在我看来，这位妈妈对儿子上网问题的做法缺乏节制，或说缺乏原则，高兴了就放松对儿子上网的要求，不高兴了，就完全禁止儿子上网，这样并不利于孩子戒除网瘾。

正确的做法是，要引导孩子有节制地上网，引导他正确地利用网络。比如，规定每次上网的时间，制定每天的生活学习计划，多利用网络来学习，而不是只用来娱乐，养成良好的上网习惯。

☆ ☆ ☆ ☆ ☆

有一位读者，因为儿子迷恋网络向我咨询，我给他提出了一个建议，就是要求他帮助儿子在现实生活中寻找乐趣或成就感，转移孩子的注意力。

后来，这位爸爸专门给我写了一封邮件表示感谢。

原来，在听从了我的建议后，这位非常有心的爸爸根据儿子喜欢动手的特点，给他在阳台的一角准备了一个小实验台。

同时，这位爸爸向一位学理化专业的朋友取经，不惜重金给孩子购买了一些简单的理化试验器具和材料等，鼓励儿子做一些简单的理化试验，想让他爱上科学并努力探索科学。

这一招果然奏效，儿子逐渐迷上了做各种理化试验，并因此喜欢上了理化课。每每经过自己的实验有了新发现后，他都非常兴奋，还和爸爸高兴地讨论各种现象。

让这位爸爸欣喜的是，儿子不仅不再迷恋网络，还因为喜欢上了做各种实验，而对相应的文化科学都产生了浓厚的兴趣，学习成绩也提高了。

很多孩子迷恋网络，多是因为在现实中找不到乐趣，从而到网络中去寻找乐趣。所以，要克服孩子的网瘾，父母不妨帮助孩子在现实生活中寻找一些乐趣，充实孩子的现实生活。

☆ ☆ ☆ ☆ ☆

同样是帮助孩子克服网瘾，一位妈妈的做法也值得父母学习。

这位妈妈是我一个朋友的姐姐，一年前，她发现儿子很迷恋网络，就有些担心。

这位妈妈去听了一堂有关戒除孩子网瘾的讲座，后来她就想到了下面这个办法。

因为她对网络不了解、使用电脑不熟练，就请在学校学习过计算机的儿子做她的电脑教师，向儿子学习如何使用电脑和网络。

见妈妈真心想学习电脑技术和网络，儿子很高兴，马上答应了。

于是，每天晚上，有半个多小时的时间，妈妈与儿子一起坐在电脑边，很认真地向孩子学习如何使用电脑。

这件事让原本学习成绩很一般的儿子很自豪，为了当好妈妈的老师，他在学校的计算机课上更用心，以便学会了回家再教给妈妈。

事实上，从我的朋友那里了解到，这个男孩不仅计算机课上得更认真，其他课程也比以前更用功，学习成绩提高很快。而且，他不再迷恋网络，因为教妈妈学电脑带给了他很多快乐。

我想，这位妈妈的做法让儿子体验到了自己的价值，体验到了自己的能力所带来的成就感，这让他内心产生很多愉悦感，对他是个很大的动力。

如果家有网瘾的孩子，父母也可学习这位妈妈，设法在现实生活中创造机会，找一件可以让孩子产生成就感的事情，鼓励他去做。

☆ ☆ ☆ ☆ ☆

孩子迷恋网络、有网瘾总是有原因的，父母要多多用心，了解孩子为什么会迷恋网络，这样才能对症下药，克服孩子的网络依赖。

一般而言，给孩子他需要的情感关注和爱，帮助孩子在现实生活中找到乐趣、成就感和情感寄托，充实孩子的现实生活。这样，孩子就不容易迷恋网络了。

小松他打架了
——教孩子正确宣泄，杜绝打架行为

打架常常是某些孩子发泄内心情绪的一种方式，父母要了解这一点，并要理解和接纳孩子的情绪，设法帮助孩子疏导不良情绪。

在一次家长交流会上，大家谈起了有关孩子冲动打人的问题。

一位妈妈说，他儿子3岁，见到他喜欢的孩子就上去拍人家一巴掌，妈妈不理解：明明喜欢人家，为什么还要打人家？

一个小学孩子的妈妈说，她儿子在外面很喜欢跟别人打闹，而且喜欢跟人“动手动脚”，时常会把别人打痛甚至打伤了。尤其是在别人激怒他的时候，他更是“下手不知轻重”。

还有一位初中孩子的妈妈，她说儿子经常在学校打架惹事，被“欺负”后也靠打架来解决问题。虽然儿子知道跟人打架不对，但他说跟人打一架才解气，有时他打架是因为无法控制自己的冲动。

针对这些妈妈的疑问，我说：

“孩子冲动，喜欢打人、喜欢打架有各种原因，我们做父母的先要了解孩子打架、打人的原因。

“很小的孩子，就像刚才第一位妈妈说的，孩子打人可能是表示对人友好，只是他还不知道下手太重对方会不舒服，使成人误以为孩子是在打人。

“相对于女孩，男孩更喜欢肢体的冲撞，靠看似打架的行为来缓解旺盛的精力，所以男孩子打架的更多。

"有的孩子是冲动型人格或胆汁质气质，行为和情绪容易冲动。更多的孩子是通过打人、打架来表达对人的愤怒，是靠暴力解决人际冲突和自己遇到的问题……"

一般而言，孩子"打架"主要有以上几个原因。父母要设法了解孩子的个性特点，了解孩子喜欢打架的原因，然后才能有针对性地解决孩子的"打架"问题。

☆　☆　☆　☆　☆

在那次家长交流会上，我想：那个喜欢打架的初中孩子，内心可能积压了很多愤怒情绪，或者是因为学业问题，或者是因为与父母或其他人的关系问题，或者是因为其他问题。

我问他的妈妈："您儿子平时跟您的关系怎么样？他的学习怎么样？在学习上有没有遇到什么问题？"

我这一问，这位妈妈果然说出了儿子的很多其他问题。

比如，这位妈妈管教孩子很严格，孩子与自己的关系很紧张，学习成绩一般，学业压力也比较大。而且，孩子和班里同学的关系也不好，经常与人发生矛盾。

真是一个"问题多多"的孩子，也是一个活得很辛苦的孩子！

我告诉这位妈妈，孩子面临着来自很多方面的压力，内心积压了很多不良情绪，要帮助孩子缓解这些心理压力、疏导不良情绪，才有助于改变孩子爱打架的行为。

我建议这位妈妈，夫妻两人要设法和孩子成为朋友，经常与孩子谈谈心，了解孩子的内心想法和感受，了解孩子的苦乐。同时，要给孩子更多信任和认可，给孩子更多鼓励和支持。

在这个基础上，父母还要帮助孩子培养学习兴趣，引导孩子更好地与同学朋友相处，更好地处理人际间的矛盾。

如果孩子与父母关系融洽，与同学朋友相处融洽，同时在学业、生活上减少了压力，相信孩子的不良情绪就会减少，而他打架的行为也会减少。

可见，打架常是某些孩子发泄内心情绪的一种方式，父母要了解这一点，并要理解和接纳孩子的情绪，帮孩子疏导情绪，而不是仅仅因为孩子打架而盲目地批评他。

☆ ☆ ☆ ☆ ☆

一天下班，我刚回到家，与小松在一起上学的钱坤就跑来，气喘吁吁地对我说："阿姨，你快去看看，小松他……他打架了！"

我一听，有些火：这孩子，又惹祸。

跟随钱坤来到小区的路上，我发现小松和一个男孩扭打在一起。我一边大喊："住手！"一边走上前，拉起了把那个男孩压在地上的小松。

两个孩子都浑身是土，还好，他俩都没有受伤。

我仔细询问他们事情的经过。原来那个男孩跟小松开玩笑，说他笨得可爱，像小猪。

我有些奇怪，虽说小松比较调皮，有时会"闯祸"，但不至于因为一个玩笑就跟人打架。

回到家，我问小松："你今天怎么会因一件小事就跟同学打架？他的玩笑话真让你那么愤怒吗？是不是还有别的心烦的事情？"

在我的追问下，小松告诉了我那天发生的事情。

原来，那天上课时，老师误解了小松，批评了他。但小松不敢在课堂上跟老师辩解，就窝了一肚子火，而放学后那个同学偏偏又拿这件事开他的玩笑。

了解了事情的前因后果，我知道小松积压了一些愤怒。于是，我平和地对他说："今天发生的事情让你很气愤，对吧？我明白，你打架其实是为了发泄你的怒气。"

小松见我没有批评他，反而理解了他，他舒了一口气。

“我教你一个发泄怒气的办法，你不是喜欢踢球吗？去把你的足球拿来。”

小松照我的吩咐去做了，而我拿来纸笔，又要求小松将误解他的老师的名字和开他玩笑的同学的名字写在纸上，然后贴在足球上。

“我们两个去踢球，把你的怒气都发泄在足球的这两个名字上。”我对小松说，然后我们来到了楼下，将足球互相踢来踢去。

小松一直踢了足足二十分多钟，累得满头大汗。最后，他说：“嗯，这是个好办法，我现在舒服多了。”

我看着小松笑了。

孩子打架常常是因为他内心带有愤怒，父母要帮助孩子正确表达愤怒，比如通过倾诉、大喊、体育运动等来发泄愤怒。

☆　☆　☆　☆　☆

孩子“打架”，常常是表达某种情绪，比如喜欢、委屈、愤怒等。父母要了解孩子的年龄特点，了解孩子“打架”的心理原因，然后针对具体情况，采取有效的措施。

如果孩子用打人表达对对方的喜欢，父母要告诉孩子正确的表达友好的做法。如果孩子打架是因为委屈、愤怒，父母就要接纳孩子的情绪，帮助孩子解决问题、舒缓情绪，让他用合理的方式表达愤怒。

表哥会玩也会学
——让孩子在玩耍中学习

对于过分贪玩的孩子，父母要正确地引导，在给孩子留出玩的时间的同时，还要想办法从孩子的兴趣入手，让孩子在玩中学，并适时地给孩子一些鼓励，以让孩子对学习产生兴趣。

朋友是大学教授，每年都会抽出时间来带着孩子出去游玩，他说，这个习惯是小时候养成的。

朋友小时候特别贪玩，一玩起来能忘记所有的事情。有很多次，他因为贪玩而没写作业，爸爸妈妈知道后，不但没批评他，反而为他制订了玩乐计划。

这个计划的内容，虽是全家人来定的，但是玩的项目，都是根据他的建议。比如周六日去哪个地方玩，包括哪天吃什么，都由他来定。

上中学后，他的玩乐达到了更高的层次，在暑假、寒假里，他会把自己想去的城市，以及全国有名的旅游胜地列进去。

但是，爸爸妈妈在满足他时，还有一个前提条件，就是他要想到这些地方玩，每天就得按时按量按质地完成老师留的作业，除此以外，爸爸妈妈还会适当地给他留一些“家庭”作业。

每天他完成作业后，爸爸或妈妈仔细看过后会评分，分数是根据做题的认真度、错误率、清楚度三方面来评的，如果这学期他完成作业的分数在九十分以上，就会兑现他游玩的计划。

记得他第一次看到父母让他列这些计划时，还以为是逗他玩的，那一周就没有严格执行，爸爸妈妈就真的没有带他出去玩，而是把他放在爷爷家，他们单独出去玩了两天。

朋友说："那天爸妈走后，我什么也做不下去，他们回来后，我看着他们拍的那些照片，心里发誓，下次一定不会再错过这种机会了。"

因为太喜欢玩，而那些计划让他有了盼头，当他忍不住想玩时，一想到自己计划中心仪的地方，就会控制住自己，认真地按质按量地来完成老师以及爸爸妈妈留的作业。

现在，他用当年出去游玩的照片，来激励和他一样贪玩的儿子。

当孩子贪玩时，父母最好根据孩子爱玩的特点，来制订玩乐的计划，以此来刺激孩子学习。这样既满足了孩子爱玩的天性，又让孩子有了学习的动力。

☆ ☆ ☆ ☆ ☆

小松刚上学时，因为爱玩，他一时难以适应每天写作业的习惯。为了逃避写作业，他经常趁我不注意溜出去，在外面玩到很晚才回家。

有一次，我到外面去找他，看到他正在饶有兴致地教几个同学叠飞机，那时他表现得那么认真、负责，有时还不厌其烦地做着示范。看到这里，我灵机一动。

那天他回家后，我拿着他的书，故意指着上面一些简单的字问他，他有些不屑地说道："这个字还不认识，念'人'，就是'人们'的'人'；那个念'手'，'左右手'的'手'；那个念'老'，'老师'的'老'。"

我听后装作高兴地说："你刚上学几天，就认识这么多字。别看妈妈是老师，因为好长时间不学了，早忘了。你能帮我一个忙吗？"

他痛快地说："说吧。"

我说："你每天把学过的课给我讲讲行吗？就是让你当我的老师。"

他听后不相信地看着我，"当你老师？"

我点点头说："对呀，每天就上一节课，你累了咱们一起玩。"

他高兴地答应了，当天晚上就为我上了一节课，讲的是他新学的内容。当然，我这个"学生"也会趁机多问他几个"问题"，以让他巩固一下学过的知识。

因为我问的问题对他来说很简单，他每次会像老师一样"批评"我几句，然后才告诉我。就这样，尽管他一放学就"玩"，但并不会让他耽误学习。

爱玩是孩子的天性，父母要学会从孩子的"玩"中寻找空子，并且稍加引导，引导孩子在玩中学习，这样就能让孩子的"玩"发挥很好的作用。

☆ ☆ ☆ ☆ ☆

有个网友对我说，他小时候特别贪玩，即使一个人，他也能玩得津津有味。在课堂上，老师上面讲课，他下边玩手中的铅笔。

因为贪玩，他没时间听课，没时间写作业，为了不让他玩，爸爸妈妈软硬并施，他仍然无法改掉。可能是过于爱玩，邻居们都不敢让自家孩子和他长时间在一起。

假期里，爸爸妈妈带他回老家时，让他和表哥玩。表哥上大一，据说小时候也是出了名的爱玩的"天才"，只不过，表哥会玩也会学，各科成绩都非常出色。

他和表哥玩时，立刻就被"无所不能"的表哥吸引住了，他说："那时，从没见过像表哥这样的人，只要我问他问题，他全部能解答。"

因为佩服表哥，他什么事情都听表哥的。在表哥的引导下，他喜欢上了看课外书。表哥对他说："书里面有很多有趣的东西，我的许多玩法，都是从书上学的。”

在表哥的带领下，那个假期他看了很多书，看完后，表哥就和他在一起讨论、争执，有时比赛谁看得快，谁领会得快。

由于平时不好好学，看书时会遇到很多不认识的字，所以自然没表哥看的书多。

表哥说：“玩的目的是让心情快乐，要想更好地玩，学习认字才是基础。因为有很多巧妙的玩法，都是人们在书中学到的。”

那个假期，他就被表哥管得服服帖帖，他的寒假作业，也是在表哥的鼓励下完成的。那次从老家回来，他虽然还是爱玩，但自控能力也在提高，并第一次感到了学习的兴趣。

对于过于贪玩的孩子，父母要采用以玩制玩的方法来巧妙地引导他。让孩子学玩结合，以培养孩子的学习兴趣，只有让孩子尝到学习的乐趣后，才能约束他。

☆　☆　☆　☆　☆

孩子天生爱玩，而适当地玩乐可以让孩子变得机敏、启发他的创造性思维。因为经常和伙伴玩，还会让他学会与人合作。但如果过分贪玩，父母就得加以重视了。

对于过分贪玩的孩子，父母要正确的引导，在给孩子留出玩的时间的同时，还要想办法从孩子的兴趣入手，让孩子在玩中学，并适时地给孩子一些鼓励，让孩子对学习产生兴趣。

你竟敢偷我的钱
——不要把孩子与贼画上等号

即使发现孩子偷窃，父母也不要给孩子戴上“贼”的帽子，这种负性标签会严重伤害孩子的自尊。孩子最初的偷窃只是偶然的失误，并不能与贼画上等号。

这是我在电视上看到的一个小片段，片中的小男孩11岁，内向寡言。

有一天，男孩在和同学逛商场时，看中了一套西游记人物卡片，他很喜欢，希望妈妈能给他买下来。

回到家，男孩支支吾吾地跟妈妈说了他的愿望。但男孩刚说出口，妈妈就一口回绝了他：“买什么卡片？你现在的任务是好好学习，别净想那些乱七八糟的事情。”

遭到了妈妈的拒绝，男孩很难过，但他没有再跟妈妈坚持自己的要求，而是决定自己想办法。

那套卡片只有十几元，但男孩没有钱，因为妈妈从来不给他零花钱，他的午餐费也是由妈妈直接交给学校的。

想了很久，男孩就想到偷妈妈的钱。在一个深夜，趁妈妈熟睡时，男孩偷偷爬起来翻开了妈妈的钱包，里面没有十元、二十元的钞票，他就拿了一张百元大钞。

但细心的妈妈最终还是发现了儿子的行为，她气急败坏地对着儿子大吼：“我怎么养了你这个贼？竟敢偷我的钱！长大了还了得啊？”

这是男孩第一次偷钱，竟被妈妈戴上了“贼”的帽子，这让内向自卑的他很长时间都抬不起头来。

即使发现孩子偷窃，父母也不要给孩子戴上“贼”的帽子，这种负性标签会严重伤害孩子的自尊。孩子最初的偷窃只是偶然的失误，并不能与贼画上等号。

☆ ☆ ☆ ☆ ☆

一位读者妈妈焦急地向我咨询，向我寻求解决孩子偷窃问题的方法。

原来，她发现读小学二年级的儿子经常偷东西，这些都是儿子的同学、老师还有学校附近超市的老板告诉她的。

我问她：“你儿子都偷些什么东西？”

她说：“基本上什么都偷，比如棒棒糖、小橡皮、卡通图片、溜溜球等，都是些小玩意儿，但这种行为可很不好啊。”

我又问：“有没有问过他，为什么去拿别人的东西？”

“我问过，他有时说喜欢，有时说自己也想要一个。”妈妈回答说。

“哦，你平时给他零花钱吗？允许他自己买一些喜欢的东西吗？”我继续问她。

“现在不给他零花钱，刚开始每天给他几块零花钱，但他每次都乱花掉了，买一些不实用的东西。我们家经济条件不好，可不允许他这么乱花钱。从那以后，我就不给他零钱了。”

听妈妈这么说，我理解了她儿子的偷盗行为。他是自己的某些需求没得到满足，而妈妈又不给他零花钱，所以他只能通过偷窃来满足自己的需求。

想到这里，我对这位妈妈说：“孩子偷盗是你造成的，我这么说，你别生气。孩子看到别人有零花钱可以买自己想要的东西，而他没有，他就会委屈，就通过偷盗来满足自己。”

“那您的意思是，我该给他点零花钱？”

我说：“是，每天给他点儿零花钱，让他自己支配，教给他如何花这些钱，这不仅满足他的基本需求，避免偷窃，还能让他学会理财。”

很多孩子偷窃，往往是某些需求通过正当途径得不到满足，就通过偷窃来满足。为此，父母要尽力满足孩子的正当需求，这就杜绝了孩子偷窃的一个诱因。

☆ ☆ ☆ ☆ ☆

小松小时候，一次，我带他和小语去楼下小商店购物。每次我带他们俩出去，要买玩具的时候，我只允许他们每人买一件，不能买多。

那天，我给小松买了一个电动小汽车，给小语买了一个毛绒小熊。然后，我买了其他几件生活用品，三人一起回家了。

回到家，我才发现，小松的外套口袋里多了一个泥塑娃娃。我严肃地问他：“这是哪来的？”

小松没有说话。

我又一次问他：“你告诉妈妈，这个是哪来的？”

小松终于说：“是从小商店里拿的。”

“你为什么拿这个？”我问。

“我喜欢。”小松声音很低。

我想，售货员一定是忙着招呼客人，没有看到小松偷偷拿来一个小泥塑娃娃。

虽然只是一个小东西，但这件事对小松非同小可，不是一个可以忽略的问题。

于是，我告诉小松：“你偷偷拿东西是不对的，售货员阿姨知道了会生气。如果你喜欢，就跟售货员阿姨说，并拿钱来买。”

最后，我带着小松，拿着泥塑娃娃，再次来到了小商店。我跟售货员讲述了事情的经过后，让小松跟她道了歉，并让他自己付钱将娃娃买了下来。

孩子通过偷窃来满足自己的需求，父母不要只是盲目地责备孩子的偷窃行为，而要了解孩子的心理，引导孩子通过正当的渠道来满足需求。

☆ ☆ ☆ ☆ ☆

发现孩子偷窃，父母不要不问青红皂白地批评他，不要盲目地给孩子扣上“贼”的帽子。孩子偷窃的背后，总有某些可以理解的原因，父母要根据具体情况智慧地处理孩子偷窃。

孩子偷窃，往往是他某些物质需求或心理需求没有得到满足，父母要设法了解孩子的需求，并给予其适当的满足，引导孩子通过正当渠道满足自己的需求。

不买雪糕，我就不吃饭
——正面引导孩子的任性

父母平时要多关注孩子的内心感受，多换位思考，用恰当的方式正面引导孩子，让孩子学会分辨是非和遵守原则，懂得用语言正确表达自己，这样孩子任性时父母才能有效地和他沟通。

朋友的儿子每次去商场时，看到什么要什么，不买就以哭来示威。因为这，她去商场时，就不敢带儿子去。

有一次，朋友带儿子上街，看到路边的烧烤，儿子就让她买，她嫌不卫生，正要像以前那样拒绝时，突然看到儿子眼睛盯着旁边一位女孩看。

朋友顺着儿子的眼神去看时，看到那女孩在吃苹果。于是就对儿子说："妈妈听说苹果对眼睛好，你要不要也吃苹果？"

儿子点头答应了，对她说："我现在就要吃。"

朋友没有回答儿子，而是转移话题："你想不想听一个关于苹果的故事。"

儿子平时特别喜欢听故事，连声说道："我要听。"

朋友就为儿子编了一个关于苹果的故事，儿子听得津津有味，在她讲故事时，儿子的眼睛在街边的玩具店、小吃店等等地方停留过，但因为听她的故事，一直没有机会再乱要。

从那以后，朋友每次带儿子出去，都要先给他讲故事，以此来转移他的注意力。

孩子的注意力是容易转移的。父母要学会在他出现任性行为的初期，就开始设法转移孩子的注意力，把孩子吸引到感兴趣的、新颖的事物上去。

☆ ☆ ☆ ☆ ☆

在亲戚家，我看到这样一幕。吃饭时，她上小学的儿子突然要吃雪糕，不让吃就不吃饭。当时是冬天，她怕儿子生病，就不答应。

没想到儿子拧劲儿上来了，把饭一推，威胁道："要是不让我吃雪糕，我今天就不吃饭。"

她听了，立刻说道："我已经把你吃雪糕的坏处讲清楚了，你要是非吃，我不阻拦，但我不会给你钱来买的。不吃饭我也不勉强，反正又不饿着我。"

她说着招呼大家继续吃饭。吃完后正要收拾碗筷时，儿子妥协了，开始吃饭。她在一旁说道："你最后吃完，这清洗碗筷的事情就交给你了。"

她儿子虽然不情愿，但是仍然照做了。

事后我问她："他要是真不吃饭，你真的就不让他吃了？难道你不心疼？"

她说道："是呀，不就是一两顿吗？又饿不坏。而且以前我就这样饿过他。我这么做就是想让他知道，他这种不合理的任性行为，在我这里是行不通的。"

要阻止孩子的任性行为，父母就得用同样的"任性"来阻止孩子，并且说到做到，让孩子为自己不理智的行为承担全部的责任，这样他以后才会自发地改变这一行为。

☆ ☆ ☆ ☆ ☆

小松小时候很任性，越是人多的时候，越是向我们提条件，而且他那时提的条件，大部分是他以前在家提的，因为不合理，被我和丈夫否定的。

为了让他改掉这个坏毛病，每次带他出门，我一再嘱咐他："这次去亲戚家，要是再像上次那样在吃饭时要这要那，以后就不会再带你去了。"

他走时答应得好好的。可是真到了亲戚家，他的任性病就开始发作了。当着亲戚的面，他把我们在家不给他买的各种零食要了个遍，要是我们说个"不"字，他就以哭示威。

亲戚心疼他，每次都不顾我的反对，满足他各种需要。

为了让他彻底改掉这种坏毛病，我和丈夫想了一个办法，那就是，给他来一次真"惩罚"。

有一次，我们带他去堂哥家时，我严肃地对他说："这次你要是在伯伯家要零食吃，我立刻带你回家，以后再不带你去了，直到你改正为止。"他像往常一样点头答应了。

到那里以后，他又照例当着众人的面要零食吃，因为我们事先已经和堂哥商量好，就坚决不答应他。小松就使出了最后一招，坐在地上大哭。

我二话不说，拉起他回家去了。之后很长时间，我都不让他再去堂哥家，有时我去，让他和丈夫在家；丈夫去，我在家陪他。

没过多久，小松就主动找到我，说："妈妈，我想去伯伯家了，你带我去吧，我不会再要零食惹你生气的。"

我答应了，那天去堂哥家，他果然没有再闹。

父母要摸透孩子任性表现的规律，知道孩子什么情况下任性时，再事先向孩子提出要求，或是"约法三章"，一旦孩子不配合，就要严格地按照事先约好的来"惩罚"他。

☆ ☆ ☆ ☆ ☆

孩子反常的行为，往往是想要引起父母的关注，或是想要满足某方面的需求。所以，父母在面对孩子的任性行为时，要先了解孩子的心理，认清他真正的需求究竟是什么。

父母平时要多关注孩子的内心感受，多换位思考，用恰当的方式正面引导孩子，让孩子学会分辨是非和遵守原则，懂得用语言正确表达自己，这样孩子任性时父母才能有效地和他沟通。

儿子居然离家出走
——给孩子提供温暖的家庭环境

孩子离家出走，一定是这个“家”不能让他感觉到快乐，反而给了他很多痛苦。孩子的本能是趋乐避苦，在家里不快乐，他自然会逃离这个家，到另外的地方去寻找快乐。

一天晚上，我上网登录了QQ，发现一位网友给我的留言，她向我咨询，14岁的儿子离家出走了，不知道该怎么办。

我询问网友：“儿子为什么离家出走？”

网友说，那一天儿子因为去网吧晚回家一个小时，她就批评了儿子两句。“他不至于因为我批评了两句就离家出走吧？这真不能让人理解。”网友说。

我想，问题绝不会这么简单。

在我的要求下，我加了她儿子的QQ号，希望和他聊一聊。第二天晚上，这个孩子就通过了我的好友请求。

通过先聊一些男孩感兴趣的事情（网友告诉了我她儿子的兴趣），我很容易地取得了男孩的信任。

男孩问我：“你怎么对我了解那么多？你是不是认识我？”

我说：“因为我是做青少年心理咨询工作的，很喜欢和青少年做朋友，也很了解青少年的心声。”

出于对我的信任，男孩跟我说了很多他真实的想法。

他告诉我，他现住在一个朋友家，他之所以离家出走，是因为在自己家，他感觉不到快乐和自由，妈妈总是对他管束很多，要求很多，批评指责很多，这让他感到窒息。

果然不出所料。

我想，孩子离家出走，一定是这个“家”不能让他感觉到快乐，反而给了他很多痛苦。孩子的本能是趋乐避苦，在家里不快乐，他自然会逃离这个家，到另外的地方去寻找快乐。

☆　☆　☆　☆　☆

在一座天桥下，我认识了一个流浪少年，他只有14岁，却已有了两年的流浪历史，他靠着在路边表演武术挣得路人的几张毛票。

这个少年跟我讲述，他家在农村，家里很穷，爸爸是个很“野蛮”的人，稍不如意就对他拳打脚踢。

在家里，少年什么事都必须听爸爸的，连他的妈妈也是，他们母子俩都是爸爸的从属，在爸爸面前得不到尊重和认可，妈妈已经忍耐不了丈夫的欺凌而丢下儿子另嫁他人。

在这个家里，少年感到很压抑、苦闷，在妈妈出走之后，他也独自离家出走，一个人在外流浪。

有两次，少年被一些地方的流浪人员收容站遣送回家，爸爸也四处找过他，但回家没几天，他又因为受不了爸爸的打骂而逃离。

流浪少年告诉我，虽然在外流浪很辛苦，但没有爸爸的打骂和侮辱，很自由，也会得到一些好心人的帮助。

这个流浪少年的故事让我想到，在家里，父母要给予孩子应有的尊重和认可，这样才能减少孩子离家出走的诱因。

☆　☆　☆　☆　☆

我曾看过一个访谈节目，节目主人公是个二十出头、被判入狱的青年。

这个青年在家排行老二，有一个哥哥。在他3岁时，爸爸意外死亡，妈妈改嫁，他和哥哥跟着爷爷奶奶生活。

爷爷奶奶一直很喜欢大孙子，却不喜欢这个小孙子，经常虐待他。

在男孩十几岁的时候，因为忍受不了虐待，离家出走了。不久，被一对年已古稀的老年夫妇收留，一起生活了几年，男孩将他们视为自己的亲人。

后来，收养他的奶奶生病了，为了给奶奶治病，男孩就去偷电动车、自行车换钱，却不想被捕入狱，判刑多年。

男孩入狱后，收养他的爷爷因为家穷、老伴生病，一直没有去看望这个收养的孙子。在媒体和监狱的帮助下，八十高龄的爷爷到狱中去探望了养孙子一次。

爷爷的这次探视给了男孩很大的鼓励，他向爷爷保证，一定要努力改造自己。而接下来的时间里，他果然表现很好。

这个案例让我深思，最初男孩离家出走，是因为他在家庭感受不到爱和温暖。虽然在家里生活了很多年，但他并不留恋那个家，并不怀念那个家的亲人。

但是，对收养自己仅仅几年、没有血缘关系的陌生夫妇，他却有很深的感情，甚至为了给奶奶治病而不惜铤而走险。

我想，孩子的心是很柔软的，会感激给他爱和温暖的人，感激和留恋给他爱和温暖的家庭，不管这个家庭跟他有没有血缘关系。

给孩子需要的爱和家的温暖，是避免孩子离家出走，避免孩子产生问题的重要条件。

☆ ☆ ☆ ☆ ☆

孩子离家出走，父母不能简单地埋怨、指责孩子，而要设法找到孩子离家出走背后的心理原因，了解孩子对这个家的想法和感受。

创建温馨和谐的家庭环境，给孩子爱和家的温暖，给孩子应有的尊重和认可，让孩子感觉到在这个家是有价值的，是快乐的，那么孩子就会把家当成温暖的港湾，而不是设法逃离的“地狱”。

第六章

矫治不良个性，好性格成就孩子的大未来

有本领跟我比学习
——培养孩子的自尊心

自尊是指自己尊重自己，自己爱护自己，既不向别人卑躬屈膝，也不允许别人歧视和侮辱自己。自尊是一种希望获得别人肯定和重视及自我肯定的积极情感，一个人有了自尊，就会自我约束和积极进取。

我小时候村里的孩子牛洪，非常顽皮淘气，四五岁时经常爬到树上去掏鸟窝，为掏鸟窝，衣服不知挂破多少。为此，牛洪没少挨打。

有次，牛洪上树掏鸟窝时，把裤子挂破了一个大口子，半条腿都露在外面。牛洪回家换裤子时，恰被爸爸撞见。爸爸顿时就来火了，抓住牛洪就是一顿狠揍。揍完还不解恨，还把牛洪的裤子给扒下来，让他光着屁股在村里走了一圈。

牛洪的爸爸以为这样做就能管住牛洪上树掏鸟窝的坏习惯，谁知，自此以后，牛洪更是变本加厉。为了不再为挂破衣服挨打，再爬树时，牛洪干脆光着身子往上爬，一点儿也不害羞。

除了爬树，平时在家时，牛洪也是经常不穿衣服在人前跑来跑去。刚开始时，牛洪的爸爸妈妈见到后就会责骂他。但无论他们怎么责骂，牛洪一概不理，依然我行我素。

在这种情况下，牛洪的爸爸妈妈不但不反省自己教育上的失误，反而对牛洪这种行为习以为常。又过了两年，牛洪上小学了。在学校，牛洪不但不好好学习，还经常惹事生非，对老师的批评一点儿也不在乎。

孩子们天性贪玩淘气，难免会做错事。有些父母教育孩子，总喜欢“以势压人”，认为自己是父母，怎么管教都成，一点儿也没想过要尊重孩子。只要孩子做错事，不是暴打就是辱骂，甚至是羞辱，从来不顾及孩子的尊严。时间长了，孩子的自尊，就会渐渐消失。

自尊是孩子希望得到别人肯定和重视，以及自我肯定的一种积极情感。一旦没有了自尊，孩子就会破罐子破摔。所以，父母为了孩子的健康成长，在对孩子严格教育时，一定要给孩子应有的尊重，让孩子在得到尊重的同时，学会尊重他人，从而养成自尊的良好习惯。

☆ ☆ ☆ ☆ ☆

积极的评价和良好的感受对树立孩子自尊心起着重要的作用。

我们小区有个叫靳凯的大孩子，今年 18 岁。靳凯刚 2 岁时，爸爸妈妈就离了婚，靳凯跟着爸爸和奶奶生活。爸爸因经常出差在外地，靳凯几乎完全靠奶奶照料。奶奶不光要照料靳凯，还得照料靳凯的堂弟、堂妹。

所以，奶奶对靳凯的照料也就是保证他不挨饿、不受冻，对靳凯的心灵需求，奶奶根本没时间也没精力去关注。在这种情况下，靳凯慢慢就形成为冷漠、自闭、孤僻的性格，什么事都闷在心里不对外人说，外人的事也全跟他没有关系。

靳凯妈妈知道后，就把靳凯接过来和自己一块生活。在妈妈积极的评价和鼓励教育下，靳凯自闭的性格终于得到矫正，变成一个健康活泼成绩优异的好孩子。今年高考，靳凯考上国内一所知名大学。

自尊心的建立与他人评价及自我感觉密切相关，即便是学习成绩不好的孩子，只要受到大家的关注和尊重，同样也会变得自尊自爱起来。孩子有了自尊心，就有了不断追求和积极进取的动力。因此，在教育过程中，父母一定要教会孩子自尊自爱，并让孩子养成自尊的习惯。

☆　☆　☆　☆　☆

自尊是一个人成才与成功的重要条件。有自尊的人既不会向别人卑躬屈膝，也绝不允许别人歧视和侮辱自己。

小语班上有个从外校转过来的同学王靖，学习非常刻苦勤奋。王靖原来读的是农民工子弟学校，所以王靖刚转过来时，班上很多同学瞧不起她，背后经常叫她“农民工”。

王靖是个非常有自尊的女孩。有次做课间操时，她听到背后有人低声说“农民工”什么的。王靖就扭过来对她们说：“别瞧不起农民工。别以为你们爸妈比农民强，你们就比农民的孩子强。有本领跟农民的孩子比学习。”羞得两个窃窃私语的女孩无地自容。

自尊是一种自己尊重自己，自己爱护自己，并期望受到他人尊重和爱护的心理。在这种心理需求下，会产生一种催人向上的力量，从而促使孩子奋发进取。作为父母，一定要让孩子养成自尊的习惯。

☆　☆　☆　☆　☆

自尊是指自己尊重自己，自己爱护自己，既不向别人卑躬屈膝，也不允许别人歧视和侮辱自己。是一种希望获得别人肯定和重视及自我肯定的积极情感。一个人有了自尊，就会自我约束和积极进取。

自尊是一个人成才与成功的重要条件。所以，父母在对孩子教育时，一定要给孩子应有的尊重，让孩子在得到尊重的同时，学会尊重他人，从而养成自尊的良好习惯。

你一定会翻过去的
——培养孩子的坚强意志力

孩子坚强的意志是需要从小来磨炼的。父母要在生活点滴中逐步提升孩子的意志力，平时多教导他要专注于做好自己份内的事情，鼓励他多跟自己作对，不断超越自我。

有位做警察的朋友，有一次向我讲起他的故事。

他是家里最小的孩子，由于哥哥姐姐的保护，让他养成了胆怯、爱哭的毛病。他上学后，因为爱哭，班里一些调皮的男生给他取了“爱哭鬼”的外号。

他上小学五年级时，在体育课上仍然不敢翻单杠，为此多次受到同学的嘲笑。他闷闷不乐地回家后，就爬到自己床上生闷气。

这时妈妈走过来，坐他旁边，轻轻地说：“我记得你的理想是当一名抓坏人的警察。”他只顾生气，没有说话，妈妈笑着说：“我现在就能想象你穿上警服时威武的样子。”

他不高兴地说：“我连单杠也翻不上去，还能当警察吗？”

妈妈肯定地回答：“当然能。只要你坚持练下去，今天翻不过去，还有明天、后天呢，我相信你这未来的警察，一定会翻过去的。”

妈妈的话让他眼前一亮，但他很快又气馁了，说道：“我能吗？我都试了好多次了。”

妈妈笑着说：“当警察必须有一个好体格，不但要翻单杠，平时还要多锻炼，运动会让自己的身体更加灵活的。这样吧，从明天开始，你每天早起半个小时，我陪你跑步去学校。”

在妈妈的鼓励下，他开始了跑步上学，因为学校离家只有两三站地，他只让妈妈陪了两天，以后自己天天跑步上下学。渐渐地，他爱上了运动，后来竟喜欢上了体育。

父母要想激励孩子，就得让孩子树立一个目标，在理想的激励下，孩子的行动才有方向，才会有坚持下去的力量。在不断的努力中，逐渐培养他坚强的意志力。

☆ ☆ ☆ ☆ ☆

小松学会上网后，有段时间几乎完全沉迷于电脑游戏中了，甚至于连作业也不写。我和丈夫想了很多办法，也不能让他改掉。

后来我想了一个办法，全家在一起商量他上网的时间，并立下一个规定：每天只能上两个小时的网，而且必须在完成作业的基础上。如果不执行，一周也不允许上网。

私下里，我和他的班主任商量好，让他把以前没有完成的作业给补回来，就是多为他留些作业。

我这么做的目的，一是让他学会对自己做的事情负责；二是让他学会排除不良情绪的干扰，抵制住各种诱惑。

刚开始那几天，我看出小松显得很急躁，我就在一旁为他打气：“加油，你离成功地写完作业不远了。”

等他写完作业，我会一一检查，并且和他一起指出错题，告诉他：“要想又快又好地做事情，干事情就得专心，脚踏实地地来做。”

渐渐地，小松写作业时恢复了以前那样的认真、仔细，几乎没有多少错题了。这时，我对他口头奖励后，会再适当地给予他物质奖励，他开始有了成就感，也不像以前那样沉迷上网了。

自制力强的孩子更能控制好自己的情绪。只有让孩子拥有较强的自制力，孩子才能成为自己的主人。父母要根据孩子的情况引导他自主指挥、控制自己，让他严格地约束自己的行动。

☆ ☆ ☆ ☆ ☆

小区一位妈妈告诉我，他儿子学校要举行歌唱大赛，可是歌唱得很好的儿子却对她说："妈妈，我们老师非让我参加，我真不想去。"

她有点吃惊，说道："你歌唱得好，为什么不愿意去？"

儿子低头不说话。她笑着问："我知道了，是不是怕唱不好，拿不到奖啊？"

儿子点点头，说道："这是全校举行的比赛，有五年级的和六年级的，那些大哥哥大姐姐多厉害啊，我可比不过他们。"

她问："你能告诉我，你为什么喜欢唱歌吗？"

儿子毫不犹豫地回答："唱歌让人心情好啊，唱得好也让别人心情好。"

她说道："呵呵，你这么想就对了。你这次和同学比赛唱歌，既是对自己的一个挑战，看看自己的歌唱水平如何，也是和同学在一起，开开心心地交流一下，得不得奖并不重要。"

听了她的话，儿子高兴地报了名。

不服输的积极情绪会推动孩子智力和品德的发展，会让他乐于公平竞争，父母要从小培养孩子不服输的心态，多"打击"他，以此来磨炼他的心理承受能力和坚强的意志力。

☆ ☆ ☆ ☆ ☆

对于孩子来说，坚强的意志，会让他在困难的情况下持之以恒，风雨无阻，直到取得最后的成功。每个孩子都有自己独特的意志力，这需要父母后天的合理引导。

孩子坚强的意志是需要从小来磨炼的。父母要在生活点滴中逐步提升他的意志力，平时多教导他要专注于做好自己份内的事情，鼓励他多跟自己作对，不断超越自我。

人家鹏鹏多安静
——让孩子学会自爱，悦纳自己

自爱就是向自己敞开胸怀，给自己足够的重视和关注，通过直面自己，与自己进行沟通，从而更好地了解自己，更多地认识自己，使自己理解自己、关爱自己，并接受自己的一切。

我们小区有个叫鹏鹏的孩子，今年刚5岁，是个典型的“慢性子”。鹏鹏妈妈希望自己的孩子能机灵活泼点儿。所以，她对鹏鹏的慢性子非常不满意，经常数落他。

有次，我下班回来，见鹏鹏妈妈正带着鹏鹏在小区里玩。鹏鹏妈妈知道我是做教育的，就和我交流关于孩子教育的问题。

她说：“鹏鹏也不知咋回事，身上没一点儿孩子的活泼劲儿，这么小说话做事慢腾腾的，让人看了就着急。

如果光是慢点也没事，我还发觉他特别笨，无论学什么都比别的孩子用的时间长。别人一看就会的东西，他却要学半天。上次，我带他去同事家玩，同事有个女儿晴晴，和他同岁，要和他玩跳棋。教他半天都教不会，气得晴晴一个劲儿地叫他‘大笨蛋’。弄得我脸上特没面子。你说，能通过什么方法让孩子变得机灵活泼点儿吗？”

妈妈说时，鹏鹏一直面无表情地站在旁边看着我们，好像妈妈在说别人。

我笑笑说：“为什么要改变呢？慢性子也有慢性子的好处呀，慢性子的孩子做事有一定的持久性，不容易受周围刺激的影响；

另外，慢性子的孩子一般比较循规蹈矩，不会惹事生非。你看我们说话时，人家鹏鹏多安静，多听话，多乖呀，站在一边不吵不闹的。”

听到夸奖，鹏鹏呆呆地望着我。看得出，鹏鹏并不相信我说的话。因为在他成长过程中，听到的全是妈妈对他慢性子的不满，从没听到过夸奖。所以，鹏鹏根本不相信自己身上有优点。

有很多父母，喜欢拿自己的孩子跟别人的孩子做比较，不愿意按照孩子本来的样子接受他，总是喜欢夸大孩子的短处。孩子由于年龄小，对自己缺乏正确的评价，如果父母只批评不赞美，时间长了，就容易使孩子产生一种自己讨厌自己、自己否定自己的自卑心理。

要知道，不自爱的孩子由于自我评价太低，处处会感受到压抑，而这种长期受到压抑的情绪容易导致精神抑郁。所以，作为父母，一定要接受孩子本来的一切，学会以赞美、夸奖来鼓励孩子，让孩子正确认识自己、肯定自己，并乐意接受自己，从而让孩子养成自爱的良好习惯。

☆　☆　☆　☆　☆

要做到自爱首先就要尊重他人，并懂得自律。

有次，我带小语去市场买水果。还没走到家，小语就嚷着要先吃根香蕉。我说在路上吃东西由于灰尘、细菌太多，容易生病，劝她回到家洗完手再吃。小语不听，非要伸手去购物袋里拿。

这时已经走到我们家楼下，我对小语说：“再等两分钟，等到家洗完手再吃不好吗？”

小语生气地大声说：“不好！”见我不准她拿，竟蹲在地上哇哇大哭起来。我知道，如果我稍有迁就，小语就会得寸进尺，以后就会越来越以自我为中心。所以，我没理她，提着水果就直接上楼。

小语见我不等她就直接上楼，忙从地上起来眼泪汪汪地跟上来。走到家门口，见我还是不理她，就用手轻轻地拉拉我衣服说："妈妈，我错了，我不要香蕉了。"

我这才转过身来，表情严肃地问她错在哪儿，直到她认识清楚为止。

要想让孩子学会自爱，首先就要让孩子明辨是非，知道哪些行为是对的，哪些是错的，从而教导孩子要想得到别人的尊重，首先就要尊重别人，并学会自律。

☆ ☆ ☆ ☆ ☆

要做到自爱，首先就要学会自己爱护自己，自己尊重自己。

我上高中时，有个同学李艳经常逃课，对老师的批评规劝也从来不听。有一次，李艳又逃了一个星期课，学校就对她做了勒令退学处分，让父母把她的东西拿回去。李艳的爸爸赶到学校清理李艳课桌时，竟然在李艳的抽屉里发现了避孕套。

爸爸的震惊是可想而知。他找了李艳好久才在一家发廊找到她。知道李艳早就开始做小姐了，爸爸当即给了她一记耳光，骂她丢人。

没想到李艳不仅不以此为耻，反而振振有词地反驳爸爸，说自己学习成绩不好，根本考不上大学。与其当农民，还不如当小姐挣的钱多。还说什么"笑贫不笑娼"，气得爸爸当时就跟她脱离父女关系。后来，李艳就成了我们那里不知廉耻的反面教材。

只有爱护自己和尊重自己的人，才能得到别人的尊重和爱护。不自爱的人，根本驾驭不了自己的人生。作为父母，一定要教会孩子正确的人生观和价值观，让孩子从小养成自重自爱的习惯。

☆ ☆ ☆ ☆ ☆

自爱就是向自己敞开胸怀，给自己足够的重视和关注，通过直面自己，与自己进行沟通，从而更好地了解自己，更多地认识自己，使自己理解自己、关爱自己，并接受自己的一切。

一个人要想得到别人的爱和尊重，首先就要做一个自爱自重的人。自爱自重是一个人得以生存和发展下去的唯一力量。作为父母，一定要让孩子从小养成自重自爱的习惯。

你是最棒的
——多鼓励，培养孩子的自信

自信是人们相信自己有能力实现目标的心理倾向，是一种积极、有效地表达自我价值、自我尊重、自我理解的意识特征和心理状态，它能鼓舞人们去克服困难，不断进步。

我们小区有个叫贝贝的男孩，今年刚10岁，上小学四年级。有一次，贝贝的妈妈向我求助，她说贝贝特别胆怯，在学校从来不敢向老师提要求。遇到听不懂的问题时，别的孩子都敢在课后找老师补课，贝贝却不敢。她问我有没有什么方法帮助贝贝。

贝贝这种性格的形成，跟他小时候由奶奶带大有很大的关系。我记得贝贝1岁的时候，有一次由奶奶带到小区公园里玩，当时我也正陪小松在小公园玩儿。

贝贝见小松在用玩具挖土机，挖喷泉池底的小石子，就冲小松趔趄着奔过去。奶奶见状忙大声喊道："小心摔倒！"吓得贝贝站在那里动也不敢动。

等奶奶过来拉他时，贝贝就顺势拉着奶奶的手，挣着要下去。奶奶却紧紧地拉着贝贝不让他去，哄他说："哥哥大，哥哥可以在下面玩儿，贝贝小，贝贝不下去。我们在上面看小哥哥玩儿。"

贝贝不依，还是挣着要下去。奶奶见拦不住，就干脆直接把贝贝抱回家。

奶奶这种从来不去了解贝贝的真实想法和喜好，只要自己认为不合适的，就武断制止的做法，在很大程度上阻碍了贝贝去表达自己的要求，这也是贝贝上学后不善于向老师提要求的主要原因。

现在的孩子大都是家里的独生子女，一般都在父母的百般呵护中长大。这类孩子习惯了别人为他做好一切，事事都会担心自己做的不好。这都是孩子缺乏独立意识、自信心不足的表现。

孩子由于年龄太小，自信的建立需要父母适时适当的鼓励。所以，要想让孩子从小养成自信的习惯，父母就应该放手让孩子自己去做他想做的事，并给予适当的鼓励。

☆ ☆ ☆ ☆ ☆

自信可以促使孩子在正确认识自己的基础上，从情感、意识、行为等方面接纳自己。

小语班上有个叫小米的女孩，个儿不高，胖乎乎的。有次开家长会时，小米的妈妈听说我是做教育的，就和我聊起女儿小米来。

小米妈妈说小米现在对自己外表的关注已经到了走火入魔的地步，经常望着杂志上或电视中的美女发呆，并常对妈妈说，要是她能那么瘦就好了。为了能瘦下去，小米经常以“不饿”为由拒绝吃饭。

妈妈担心小米这样下去身体和心理都会受到伤害，就对小米说，“你不是非常喜欢听韩红的歌吗？你认真地回答我，韩红美吗？”

听了这话，小米没有说话，但看得出来她在思考。

妈妈就进一步开导说：“那么多人之所以喜欢韩红，不是因为她美，而是因为她拥有自己的个性，不随波逐流；是因为她对任何事都充满自信、并用最积极的态度去做。”

从那以后，小米再不关注电视上的美女了，也不再觉得自己太胖而天天想着减肥了。

爱美是人的天性，但过于爱美则容易因对自己外表产生不满，而让心灵常处在极度自卑之中。父母应该在孩子很小的时候就告诉他：真正的美丽并不是来自于外表，而是来自充实自信的内心。从而让孩子从小就养成自信的良好习惯。

☆ ☆ ☆ ☆ ☆

自信是人们对自己正确评价后产生的一种坚定的自我信任感，它可以激励人们克服困难，勇往直前。

小松两岁多的时候，有次我陪他到楼下小区骑车。我们下来时，小区有个叫威威的男孩，也在下面由妈妈扶着学骑车。

威威妈妈见小松不用我扶就能自己骑，就夸奖小松："你看你家小松，比威威小一岁，就能自己骑。我们家威威，三岁多了，还不会骑。这孩子学什么都慢，笨得很。"

威威妈妈跟在威威后面，只顾看小松骑车去了。一不注意，威威的童车撞到小区的花坛上，威威从车上一头栽下来，摔得哇哇大哭起来。

妈妈见状又心疼又生气，忙把威威扶起来，骂道："你这孩子，要多笨就有多笨，你就不会看着点儿路。"

每个父母都希望自己的孩子能充满自信，面对困难不屈不挠。然而，在教育孩子时，父母却总在无意识间，说出很多打击或是贬低孩子自信心的话，这样就容易导致孩子认为自己很笨很不行，从而不愿意迎接挑战。可以说，孩子的不自信很多都是父母从小灌输的。

因此，作为父母，平时应多给孩子一些鼓励和赞许，多对孩子说："你能行！你是最棒的！"把孩子鼓励成一个自信乐观的孩子，让孩子从小就养成自信的习惯。

☆ ☆ ☆ ☆ ☆

自信是人们相信自己有能力实现目标的心理倾向，是一种积极、有效地表达自我价值、自我尊重、自我理解的意识特征和心理状态，它能鼓舞人们去克服困难，不断进步。

自信是人们对自己正确评价后产生的一种坚定的自我信任感，它可以帮助“问题孩子”发现自己的长处，从而产生一种积极进取的成就动机，并激励孩子走向成功。所以，父母应该教育孩子从小就养成自信的良好习惯。

你的宽容会改变你的命运
——培养孩子的宽容个性

要想让孩子具备开放、包容的心态，在孩子小时候，父母就得引导他多与人交往，并且在生活中宽容地对待孩子，只有让他感同身受，他才能对各种人、事持包容、接纳的态度。

小语有个初中同学，成绩很好，就是没有朋友，许多同学都不爱和他玩，说他太挑剔。最近班里选班干部，居然没有一个人选他。

看他一连好几天都闷闷不乐，他妈妈劝道："要想当班长，就要和同学搞好关系，那样同学才愿意选你。"

他赌气地说："我才不乐意理他们呢，一个个那么笨，成绩差不说，脾气特别臭，动不动就骂人。"

妈妈问："你的同桌不是挺好的吗？他和你一样喜欢游泳，你怎么不试着和他交朋友呢。"

他脱口说道："哼，他缺点多着呢，上自习课时爱说话。"

妈妈又问："新选的班长怎么样？"

他立刻说："这个班长很会巴结人，他成绩一般，为了和同学套近乎，就自己花钱给同学买吃的。"

妈妈想起上次来家里和儿子一起写作业的同学，就问："我记得有个同学来咱家写作业，我看他很有礼貌……"

儿子立刻否定："他是我们班上的学习委员，老爱背后说人坏话，上次他在同学面前讲我坏话时，被我听到了，我才不和这种人交朋友呢。"

妈妈想了想，故意夸他："哦，我发现你的观察能力很强，能发现这么多人的缺点。呵呵，你能说出我的缺点吗？"

儿子就把妈妈的缺点讲了出来。她高兴地说："我儿子太不简单了，一下子就指出了我的缺点。厉害，我今后一定会改。"又委婉地问他："你可以讲讲你的缺点吗？"

儿子先是愣了一下，然后才把自己的缺点讲了出来。

妈妈笑着说："你看，咱们人人都有缺点，要是不包容对方，自己永远不会有朋友。多看对方身上令你欣赏的一面，会让你尊重对方，这样才能赢得别人的好感。"

孩子要想融入更广阔的空间，融入更多的人群当中，就得学会宽容，包容别人的缺点。因此，父母要让孩子学会欣赏别人的优点，他只有具备这种观念，才能用一颗宽容心融于社会。

☆ ☆ ☆ ☆ ☆

有个朋友在外企任人事管理经理好多年了，最近因为业绩突出，又荣升公司的高管，年薪逾百万。当别人问他成功的秘诀时，他笑道："只有两个字——宽容。"

他所理解的宽容就是真心对待每个人，他给我讲起过小时候的一件事情。

小时候，爸爸妈妈经常对他说："宽容是一种美德，如果你做好了，你的宽容会改变你的命运。"

当时朋友不解，就问："我们班里有个成绩很差的男生，仗着个子高、有力气，常欺负班里的同学。我是班长，每次还要听他的。这种人，我怎么宽容他？"

妈妈笑道："很容易，你要不想听他的，就想办法改变他。"

他问："怎么改变？"

妈妈说："从他的成绩差入手。任何一个学生，都想自己成绩变好。你是班长，有义务帮他，让他也变得和你一样爱学习，他只有把心放在学习上，就不会再和你做对了。”

他不高兴地说：“他脾气那么坏，我怎么接近他？”

妈妈笑道：“没有人愿意拒绝一个真心帮助自己的人，用你的真情换他的冷漠。你可以把自己想成是他，或是从他平时的表情来辨别、理解他的意图，一步步接近他。”

他按照妈妈讲的那样，主动和那男生说话，帮他复习功课，没多久，俩人就成了朋友。那男生不但成绩提高了，平时还帮他管理班上的事情。

父母要想让孩子宽容，就得让孩子学会多设身处地体味他人的情感，或是采用恰当的方式取悦别人。因为善于宽容的人，一般都能深刻地感受到他人的情感，宽容对方。

☆　☆　☆　☆　☆

小松小时候，有一次过生日时，趁我们不注意，自己到厨房吃生日蛋糕时，不小心把蛋糕碰翻在地上。看到自己的生日蛋糕掉地上，他自责、懊悔不已，躲在一旁小声地哭泣。

听到响声，我和丈夫来到厨房，看到碎在地上的蛋糕和哭得一脸泪水的小松，丈夫很生气，正要训斥他，我忙拦住，告诉他我来处理这件事情。

丈夫离开后，我对小松说：“不要难过，在妈妈眼里，你当然比蛋糕重要了。”

听了我的话，他哭得更厉害了：“妈，我以后再也不吃蛋糕了。”

我笑着说：“没关系，这不怪你。只要你小心一点儿，就不会出现这种情况。不信，咱们试一试。”

那天我带着他到附近的店里，又买了一个生日蛋糕，这次我让他亲自提着回家。小松小心翼翼地走着，安全地把蛋糕带回了家。

我夸他："你看，因为你更加小心了，这么远的路都没碰坏蛋糕。"

他笑了，说道："妈妈，我以后做什么事情都会更加小心的。"

这时，我趁机对他说："记住，每个人都有不小心犯错误的时候，我们要学会宽容他，给他改错的机会。"小松听后，深深地点了点头。

父母要分清宽容和纵容的界限，要选择在孩子对自己所犯的错误自责、懊悔时宽容他。父母的宽容，会让孩子在感激的同时，体会到宽容的力量，同时他也愿意来宽容别人。

☆ ☆ ☆ ☆ ☆

朋友的儿子上小学四年级，因为他性格开朗，人比较随和，不爱和人计较，同学们都很喜欢他，平时借他的铅笔、尺子、橡皮等学习用具时，连声招呼也不打就拿去用了。

正是这个原因，朋友儿子的学习用品要比一般孩子用得快，有时两天就得重新买。

有一次，当儿子又向她要钱买尺子时，她忍不住问："昨天刚给你买了新尺子，怎么现在又要买？再说这尺子又不像铅笔，能用完。"

儿子说："我也没办法，有时同学急用时，来不及打招呼就拿去用后了，有的借后也不还，有的对我说弄丢了。"

她说："你为什么不让他们赔呢？"

儿子惊讶地说道："他们可是我的同学啊，再说尺子又不贵，哪好意思让赔？"说着看她一眼，"你平时不是老教育我说，男孩要有气度，要对人宽容吗？"

听了儿子的话，朋友耐心地帮他分析问题，对他说："宽容也要有个限度，就是说在你心里要有个底线，一旦超过了底线，就不能退让。要是他的错误是不小心犯下的，可以宽容他。"

看儿子不说话，她又说："同学频繁借你的东西，不但不打招呼，还不珍惜，接二连三地丢，若不让赔，会一直丢下去。这种行为既是对你不尊重，也会让同学养成坏习惯。"

父母在教育孩子宽容他人时，要让他理解宽容的真正含义，既不是妥协，也不是纵容对方。宽容对方的目的是让双方都更好，并不是建立在委屈一方成全一方的基础上的。

☆　☆　☆　☆　☆

宽容是一种美德，能帮孩子减少仇恨、暴力和偏执。因为宽容，孩子知道换位思考，懂得别人的疾苦，这会让孩子在人际交往中很容易就能获得人们的好感。

要想让孩子具备开放、包容的心态，在孩子小时候，父母就得引导他多与人交往，并且在生活中宽容地对待孩子，只有让他感同身受，他才能对各种人、事持包容、接纳的态度。

只要你自己尽最大的努力就行
——面对困难，教孩子学会乐观

乐观是指一个人能心平气和地对待生活中的各种境遇，既不会对生活有过高的奢望，也不会过低看待自己。乐观对孩子的成长起着非常积极的作用，它可以帮助孩子战胜生活、学习中的困难，从而更能获得成功。

小语上初中后，每天放学回到家，就把自己关在房间里不出来。刚开始，我没太注意到小语的这种情绪变化，以为小语是作业多才这样。

初一上学期数学测试那天，我下班回来的路上，见小语一个人在路边低着头慢腾腾地走着，一副心事重重的样子，这引起了我的的警觉。晚上吃饭的时候，我见小语情绪非常低落，就故意问她，“小语，今天考得不错吧？”

“考得不好。”小语说完眼圈一红，放下筷子就回自己房间去了。我跟过去说：“小语，为什么没考好？能告诉妈妈吗？”

经我这一问，小语眼泪啪啪直往下掉，原来这次数学考试，她竟然没考及格。这可是破天荒的事，我觉得这事有点儿严重。“你分析没及格的原因了吗？是老师讲课听不懂，还是因马虎造成的？你们班上的其他同学呢？这次考得怎么样？”

小语说：“这次数学考试题目有些难，其他同学考得也不太好，班上只有十几个同学考及格了。”说着小语眼圈又红起来。

我安慰小语：“这次没考好不怪你，可能是考试题超出了你们的知识范围。再说，一次没考好也说明不了什么，只要你尽自己最大努力就行了。”

经我这样一说，小语慢慢平静下来，又主动跟我谈心说，自上初中后，学习任务重了。虽然她很努力，但在班上的考试排名只能徘徊在十几名。为此，她有些受打击。最后，小语悲观地问我：“妈妈，我是不是变笨了？”

我笑笑说：“当然不是。你想呀，虽然你在小学时学习成绩排班上前几名。上初中后，你们班是市里重点班，班上的同学全是各个小学的学生尖子。这些尖子们碰到一块，不可能全部占前几名吧，总有往后排的。而你能排十几名，已经很不错了。”

听我这样一说，小语露出笑脸来，然后高高兴兴地随我去吃饭。

从那之后，小语放下压在心头的包袱，脸上又重新露出乐观自信的笑容来。过了一段时间，小语对初中课程适应后，学习成绩马上又重新排到班上前几名上。

在成长过程中，每个孩子都会碰到不顺心的事。父母应多留意孩子的情绪变化。发现孩子闷闷不乐时，无论多忙，也一定要抽出时间和孩子谈谈心，指导孩子排除心理障碍，使孩子的不良情绪得到及时化解。

要知道，忧心忡忡时间长了，孩子就会对学习失去信心。为了孩子的健康成长，父母一定要引导孩子养成遇事积极乐观的习惯。

☆ ☆ ☆ ☆ ☆

乐观是一种良好的性格倾向，它能使人能看到事物比较有利的一面，从而期待更有利的结果。

小松 3 岁多的时候，特别喜欢玩捉迷藏的游戏，经常藏在角落里让我们找他。有个周末，我们一家人坐在客厅看电视时，忽然停电了。

小姑陶琳那天正好也在，就忍不住说了句：“这个时候停的什么电？”

大家因忽然停电而心情烦躁地忙着找蜡烛时，小松忽然高兴地说：“妈妈，我们玩捉迷藏吧。你眼睛闭上，等我藏好后你找我。”一句话把我们大家全都逗乐了。于是，大家你一句，我一句地和小松取乐起来。陶琳笑说：“你赶紧藏吧，你妈妈眼睛不闭上也看不见你。”

丈夫说：“这次你不用藏到沙发后面，你就是站在你妈妈面前她也看不到你。”

奶奶说：“小松，快来站到奶奶怀里，这次他们谁都看不见你。”

……

同是停电这件事，我们看到的是停电带来的不便，而小松看到的却是停电带来的乐趣。这就是乐观和悲观带给人的不同感受。任何事物都有利有弊，父母应该引导孩子辨证地看待事物，从这面看有害的事，从另一个角度看，就是有益的。

培养孩子遇事积极乐观的习惯，就是在点燃孩子对成功的希望之火。

☆ ☆ ☆ ☆ ☆

家庭是孩子的快乐之源，要想让孩子养成遇事乐观的态度，父母就要以身作则，教给孩子以正确的态度和措施来保持乐观的情绪。

有个周末，我和丈夫带小语和小松去爬山。爬完山往回走时，车在半路坏了，这时天已经黑了，这个地方离市区又特别远，路上连路灯都没有。除了山脚下的农家院外，这地方完全可以说前不着村，后不着店。

小语担心地问道："妈妈，我们怎么回家呀？"

我说："回不了家我们就去住农家院吃烤全羊。"听了这话，两个孩子立马欢呼雀起来。

见两个孩子这么高兴，丈夫因车坏而引起焦躁的情绪也受到感染，心情变好起来，对我说："你带着两个孩子先去村里订烤全羊去，然后看能不能找人帮我们把车弄过去。"

我去找农家院时，见路边就有个修车铺，所有的问题都迎刃而解了。

父母在教育孩子积极乐观时，自己首先就要以身作则，在面对困境时，保持乐观、自信的态度。孩子在父母的耳濡目染下，自然也会形成遇事乐观的良好习惯。

☆　☆　☆　☆　☆

乐观是指一个人能心平气和地对待生活中的各种境遇，既不会对生活有过高的奢望，也不会过低看待自己。乐观对孩子的成长起着非常积极的作用，它可以帮助孩子战胜生活、学习中的困难，从而更能获得成功。

在现实生活中，乐观和悲观体现了一个人心理承受能力的强弱，乐观是成功的催化剂，悲观是失败的孵化器。为了孩子健康快乐地成长，父母一定要引导孩子养成遇事积极乐观的习惯。

第七章

消灭心灵病疾，让你的孩子变得精神强大

我就要拿个奖回来
——帮自卑的孩子重拾自信

不自信的孩子需要父母更多的鼓励，但这种鼓励一定要适当，不能过高，也不能过低，恰到好处，才能帮助孩子撵走自卑，重拾自信。

自信的孩子不是因为经历的失败少，恰恰相反，他经历的可能会更多，只是他内心已经形成挑战的心理，不再畏难，对自己也有了正确的评价。所以，困难永远打不垮他。父母要培养孩子的自信心，就要给孩子挑战难题的机会，让孩子不再有畏难心理。

小语小的时候不喜欢绘画，特别排斥我给她报的课外班，就放弃了。可是到小学三年级时，小语忽然喜欢上了绘画。她强烈要求我给她报绘画班，并信誓旦旦地说："一定要学好，一定要画好。"

小松从涂鸦时期就一直上绘画兴趣班，从没有落下过。小语放弃那段时间，他还嘲笑姐姐连画画都不会。因此，到小语重新开始学绘画时，小松的国画已经画得不错了。

三年级后，他们又在一个课外班学国画。每此下课后，小松都会嘲笑小语："你怎么画也没我画得好了！"小语气得要打他，小松笑着跑开了。小语深受刺激，就把大部分业余时间用来练习绘画。

学校艺术节时，小语决定画一幅画。当小松知道小语的这个决定后，又是一番嘲笑。小语气鼓鼓地说："我就要拿个奖回来，让你看看。”

周末，小语铺好了纸，准备画画。可是毛笔蘸了又蘸，就是不敢下笔，我在旁边鼓励她说：“没关系，你只管画好了，不要想画得怎样。妈妈看过你画的画，虽然不是特别好，但是你要知道，你只学了半年还不到，而小松已经学了好几年了。”

小语点点头说：“就是，我已经很厉害了，再说，这次好多画得好的同学都不参加，所以，我肯定能得奖。”

我对小语说：“画画最需要心静，如果你老想着结果，要拿奖，那你就不能专心画画了。”

“我知道了。”小语说着，开始专心作画。

小语画好后，拿给我看，虽然画得不太好，可是对于只学了几个月的她来说，已经是非常不错的了。我夸赞了她。可是第二天早晨，上学之前，小语忽然对我说：“妈妈，我不想把这画交上去了，肯定是最差的。”

我看着小语那副沮丧的表情，问道：“你怎么了？画都画了，却不敢把它拿出来让别人评价一下，就自己给它定性说不好。”小松看看姐姐说：“我看你肯定能拿奖，我可没夸过你。这回是真的。”

小语这才兴高采烈地带着画走了。

让孩子学会正确的比较方式，比较自己的过去和现在，而不拿着自己的短处和别人的长处去比，以免孩子形成自卑心理。

☆　☆　☆　☆　☆

我班上的学生李琳虽然学习成绩并不差，但她却一直很内向、自卑。那天，她在学生日记里写了这么一件事：

“放学后，我看到妈妈来接我，她很高兴，我就把在学校里捡到的一块橡皮给妈妈看。妈妈却给了我一巴掌。同学就在旁边，我觉得很丢人。我到办公室给林老师道歉，我哭得很伤心。妈妈告诉我，莫以恶小而为之……”

看着这篇日记，我觉得李琳妈妈的教育方法有问题。当然，她能让李琳自己承担后果，这是非常正确的方法，可是在众人面前打李琳耳光，这种方法有些欠妥。

我对李琳做了一次家访。李琳妈妈很热情，给我倒水、切水果，忙个不停。我说：“李琳进步很快，看来您很努力地在帮助她。”李琳妈妈显得很高兴，她非常诚恳地说：“不瞒您说，我就是一个保姆，她爸是个保安。她不努力就没有出路。”

我回头看李琳，只见她深深地低下了头，脸上显得非常难为情。

无论是在平时的说话，还是在批评教育孩子的时候，父母都要照顾到孩子的自尊，要知道孩子也有面子，伤了孩子的自尊和面子，就伤了孩子的自信，让他觉得抬不起头来。

☆　☆　☆　☆　☆

小松迷上了动画片，让我很惊诧，因为自从11岁以来，他就曾评判：动画片太幼稚。我问他原因时，他说：“我一个同学喜欢看，我想看一下好和他有共同话题。他是从农村来的，学习成绩很好，可是他好像有点自卑，只喜欢独来独往。”

“你说他很自卑？他学习好、体育好、还能拉二胡，能吹长笛，这么优秀的人，怎么可能自卑？我们正准备发展他进学生会呢。”小语在旁边插话道。

“你不信？我告诉你，我上次发现他裤脚处有一块补丁，我当时很傻，指着说好酷！他脸都变了，转身就走，到现在都不理我。”

自卑的孩子也会虚荣，他因为关心外在的东西，而影响了对自我的评价，甚至看不到自身的优势。所以，父母一定要帮助孩子学会正确自我评价。

☆ ☆ ☆ ☆ ☆

让孩子产生自卑心理的因素有很多，可能是父母的教育方式错误，可能是家庭环境糟糕，也可能是孩子无法很好地掌握某种技能。总之，当孩子产生自卑心理时，父母要慢慢引导孩子，鼓励孩子，让孩子看到努力后的成绩，看到美好的未来。

希望别人不如自己
——嫉妒很正常，帮孩子化解嫉妒

孩子爱嫉妒别人，闹情绪，这是非常正常的一种成长现象，但也需要疏导。在疏导时，不能批评孩子，而是要让孩子学会正确自我评价。

嫉妒心理强的孩子，其实比被嫉妒的孩子更加痛苦，因为嫉妒不光是对别人的羡慕，更是对自己的否定。

有个妈妈来找我咨询。原来，她的女儿上初中，最近天天拿着小刀在床上刻来刻去，妈妈担心她做什么傻事，就带来女儿来找我咨询。

我从女孩的口中得知，女孩原本成绩很好，总是在班上考第一。可是，后来班上转来一个新同学，从来以后，女孩就总是考第二名。

后来，女孩看到这个同学和其他班的一个女同学走得特别近，就向老师告状，说这个同学早恋。

老师经过调查后得知，这个女同学是新转来的同学的堂姐，老师就批评了女孩。

班上的同学知道后，很瞧不起女孩，渐渐地都不理她了。女孩特别伤心，被老师批评，被同学嘲笑，她一下子就病了，在家里躺了一个星期。

妈妈不但不安慰她，反而每天都批评、斥责她，这让女孩羞愧难当，每天都拿着一把小刀在床上刻来刻去，发泄心中的不满。

后来，在我和女孩妈妈的共同努力下，女孩的仇视心理慢慢消解，最后也成了受大家欢迎的孩子。

嫉妒容易让孩子成为“问题孩子”，这样的孩子犯错后，如果受到排挤，嫉妒心会更强。相反，如果父母或者他人能给孩子改过的机会，给他在人群里交往的机会，他就能学会正确的自我评价方式。

☆ ☆ ☆ ☆ ☆

大多数的孩子都是争强好胜的，都希望自己样样都比别人好。这其实是一种正向心理，如果父母看到孩子嫉妒别人，就斥责孩子，那么很容易让孩子心理受到伤害。

小松小时候，有一次，我看到他和小区新搬来的男孩小宝玩，就让他邀请小宝到我们家里玩。小宝妈妈知道自己的儿子是和小松一起玩后，也很放心。

有段时间，小宝每天都会来我家玩，小宝妈妈每次来接小宝回家时，看到小松和小语，就夸奖他们。比如，“小松看上去就很聪明。”“小语真是个小美女。”

每当这时，小宝就会在一旁撅着嘴巴生气。我知道小宝是担心大家不喜欢她，就夸奖小宝说：“小宝也特懂事，经常拿他的玩具来给小松、小语玩。她的手也特别巧，做什么像什么。”

小宝听后洋洋得意。妈妈很不满，就对我说：“这孩子，嫉妒心理太强，就是听不得我说别人好话。”

我连忙说：“孩子小的时候，都会这样，这是正常的。”

小宝妈妈说：“您可别惯着这孩子，这要让她形成嫉妒心理，以后可就了不得了。”说着回头对小宝说：“记住了，如果你想要我夸奖你，你得自己努力才行。你没发现，你很多地方就是不如小松和小语吗？”小宝哇地一声哭了。

由于孩子认识水平有限，会认为说别人好就等于说自己不好，不能把要想超过别人就得自己不断努力联系起来，而是希望别人不如自己。这时候，如果强调孩子的缺点，拿其他孩子和自己的孩子比较，那么就容易伤到孩子，使孩子嫉妒心更强。

☆　☆　☆　☆　☆

我有一个远房阿姨，她有两男一女。她重男轻女，把最好的东西都给了两个儿子，而女儿的待遇则稍差一些。女孩嫉妒两个哥哥，经常偷着去破坏哥哥的东西。阿姨知道后，就狠狠揍她，并没收她的东西。

女孩是我姐姐，经常来找我玩，但她总抢我的东西，还打我。我妈妈知道阿姨对姐姐不好，很心疼她，偷着把我的东西给她。我知道后，嫉妒妈妈对姐姐好，和妈妈大吵大闹。我妈就把姐姐在家里的境遇告诉了我，我这才理解了妈妈，并主动让出玩具。

但姐姐在我家得到的玩具，回家后立刻就被妈妈夺过来，给她的两个哥哥。姐姐气愤地来我家找我妈妈，让我妈妈去帮她说理。我妈妈过去劝解阿姨，但阿姨不以为然。

姐姐在34岁的时候得了一种怪病，身体各个器官都有问题，怎么治疗都不好。有一位老中医说，这可能和嫉妒心太强有关。

孩子长期处于嫉妒这种消极不良的心理体验之中，情绪上便会产生压抑感，久而久之，就会导致器官功能减弱，机体协调出现障碍。而这种障碍又会形成不良情绪，造成恶性循环，损伤身体。

☆　☆　☆　☆　☆

嫉妒是一种破坏性因素，它对孩子各方面的健康成长都会产生消极的影响。但纠正孩子的这种消极心理，不是批评孩子，而是不给孩子制造这种心理体验的环境，并帮助孩子多和其他孩子交往，让孩子在交往中学会自我评价。

既生我，何不要我
——关怀孩子，让他不再孤独

孤独的孩子通常都是缺乏温暖的孩子，当孩子始终得不到关爱后，他就会远离群众、疏于交往，喜欢一个人的世界。

孩子如果觉得自己被人遗弃了，就会变得孤独、内向、自卑，躲避人群，不知道该如何和人交往，并最终发展成自闭症。

我做调研时，曾经去过一家戒毒所。那里有一个很秀气的男孩小天，管理人员小张告诉我：

小天四五岁的时候，他的爸爸妈妈就离婚了，他被判给了爸爸，但是爸爸并不喜欢他，说他是累赘。后来，他去找妈妈，但妈妈不认他。小天大受刺激，从那以后就很少说话。

小天爸爸有一台电脑，这台电脑很快成了小天的好朋友。他烦闷的时候，痛苦的时候，孤独的时候，就打开电脑，研究电脑。后来，他发现了各种各样的游戏，就开始玩游戏，结果沉迷于电脑，成了典型的宅男。

小天爸爸强迫他去上学，他就假装上学，半路跑到网吧，认识了一些坏孩子，结果染上了毒瘾，从此一发而不可收拾。

小天刚来的时候，和谁都不说话。小张和他认识已经快一年了，小天已经信任了她，有时候会写只言片语给她，但从来不主动和她打招呼。没事的时候，就是一个人呆呆躺在床上，睁着眼睛想事情。

小张把小天给她的纸条给我看，都是一些破碎的纸片，我翻着看，慢慢地，就感觉心里隐隐作痛。我摘抄几句小天纸条上的话：

“今天天真好，我希望我像那片晴空。”

“制造我的那个上帝为什么要让我这样，而不是让我那样呢？”

“我为什么是我，而不是那个能控制得了自己的大哥哥。我现在能申请改变我的身份吗？”

这是一个孤独的孩子，他不知道自己和世界到底是什么关系，也不知道自己可以控制得了自己，他害怕自己，也害怕世界。

得不到父母关爱的孩子，会慢慢变得孤独、自闭，要想改变这些孩子的内心状态，首先要给予这些孩子无条件的爱。只有在爱的温暖下，孩子才敢于拥抱世界。

☆　☆　☆　☆　☆

有很多孩子，生得漂亮可爱，还有天才般的特殊技能，只是不知道如何跟人交流、一味沉浸在自己小小的世界里而已。

对于这些孩子，一些父母得意于孩子的才华，而不屑于为孩子进行治疗，结果耽误了孩子的一生。

我当老师时，班里有一个孩子小伟，是一个典型的自闭症患者。小伟从来不和别的孩子说话，上课的时候也不会按照老师的要求听课、做作业。他总是拿着一支画笔，不停地画，他画什么像什么。

那时候，我经验比较少，就给小伟的爸爸打电话，说小伟需要心理治疗。小伟爸爸很生气，对我说：“我给小伟做过智商测试，比一般的孩子要高很多。小伟不用教就能学得很好，你还说他有问题？”

我很受挫，就特别关注小伟，并查了好多关于自闭症的资料。我发现，小伟果然比一般的孩子聪明，他能在只有一把小刀的情况下，把一张薄薄的A4纸搭建成一个精致的小房子，房子的结构鲜明，上面放一个墨水瓶也能撑得住。

我把他推荐给少年宫。小伟的爸爸知道后，得意非凡，特意请了一个建筑师来教小伟，并让小伟退学。我总觉得不妥，几次三番去小伟家，企图说服他的爸爸妈妈，但最终还是被拒绝了。

那个建筑师和小伟呆了不到一个月就辞职了，他说小伟会忽然发狂，对他说："扒下衣服来。"小伟的爸爸又给他请了好多这样那样的老师，但他们都感觉没法和小伟沟通。我又建议小伟爸爸，要多陪陪孩子，帮孩子进行治疗，但又被狠狠骂了一顿。

现在，小伟已经17岁了，他没有学到一般的知识不说，才华也被耽搁了。

才华只有在人群中才能得到发挥，也只有用在人群中的才华才可以称之为才华。没有任何一个人能跳过社会、跳过人群而成才，所以，即使孩子才华很高，也需要帮助他学会交往。

☆　☆　☆　☆　☆

我大学有一个同学，特爱说话。我现在回想起来，其实他是一个内心孤独的人，所以才会以不停讲话的方式来弥补自己的寂寞感。

这个同学说的话基本上都是无用的、错乱的，属于人需要水、他给火的那种。大家都烦他，他自己也知道自己的问题，经常在班里大声长叹：既生我，何不要我？

我一个学妹喜欢上了这个同学，就四处打听他的事情。当她知道他小时候的遭遇时，马上打消了喜爱之情。原来，在同学小的时候，经常被父母用铁链拴在院子里，怕他捣乱，也怕他乱跑。

孩子越小，越需要父母的陪伴，如果父母不能陪伴孩子，至少也该给孩子找一些玩伴，如果把孩子一个人锁在家里，很容易让孩子成为自闭症患者。

☆　☆　☆　☆　☆

与外界的接触少，交往的范围狭窄，孩子的精神世界就会日渐封闭，心理问题也慢慢出现。如果孩子再得不到父母的关爱，那么，他就会成为父母眼中的"问题孩子"，自我封闭、怯于交往、难以融入社会。即使能表达，也大多不懂处世之道。

我考不好怎么办
——帮孩子建立安全感，克服焦虑

受焦虑困扰的孩子会因为紧张不安而看不到生活的美好，看不到未来的希望，也就无法安心努力，换取未来的幸福。对这种“问题孩子”，父母不要急着推他出去，而要帮他建立安全感。

焦虑是困扰孩子一种较常见的情绪障碍，是个体由于不能达到目标或不能克服障碍，致使自尊心与自信心受挫，或使失败感和内疚感增加，产生紧张不安、恐惧的心理。这是一种情绪状态，虽然受天然气质和性格影响，但后天也可以对其进行控制。

表哥神经敏感，容易焦虑，所以一直担心儿子晓亮也受到他的影响，在晓亮面前总是表现得很平静。可是，晓亮上学后，还真的为考试考不好而焦虑了。

晓亮的班主任非常严格，那些考不好的同学，经常挨老师的批评，晓亮也因为一次作业没写好而被罚重写，因此，他有点惧怕这个老师。

考试前夕，晓亮就忧虑地问表哥表嫂：“我数学考不好怎么办？老师一定对我有看法的。”表嫂不在意地说：“有什么可担心的，你平时学得很好。”

表哥看晓亮还是一副担忧的样子，就说：“不怕的，考不好也没有关系。只不过是一次考试，别放在心上。”

晓亮很快就忘了这事，但表哥却一直念念不忘。晚上，他让晓亮早早睡觉，怕他担忧而失眠，像自己一样。但晓亮可不想早睡，他还想再玩一会儿。表哥就让表嫂劝晓亮，表嫂说：“你让他玩一会儿。”

表哥焦虑地说：“明天还要考试呢！”晓亮在旁边一听，显得有点紧张，马上就说要睡觉去了。表嫂很反感，对表哥说：“你担忧什么？不就是一场考试吗？那么大的科研项目要上马，头天晚上我还去参加同学聚会，一直到两点多才回家。”

父母不要把自己的焦虑带给孩子。孩子是很敏感的，如果孩子感到父母对某件事很紧张，他也会跟着紧张，因为他明白那件事父母没法控制，那么自己也没法控制。

☆ ☆ ☆ ☆ ☆

安安是我班上的学生，大家都以为他很幸福。他出生在一个比较富有的家庭，爸爸从事餐饮管理工作，妈妈和爸爸一起打理生意。

可实际上，安安始终和心理医生在打交道。起初，是自闭，后来，是自大，再后来，就是焦虑。关于这一点，安安妈妈应该负主要责任。

妈妈工作压力大时，会在饭桌上抱怨诉苦，然后对安安说：“妈妈都快累死了，你快点长大，帮帮妈妈。”有时，妈妈看到别人的丈夫很有出息，就斥责丈夫没有能力，然后对安安说：“你要是没出息，将来就得被人瞧不起。”

妈妈对安安的成绩非常关心，给他设定很高的目标。安安完成了，就要继续另一个目标，完不成的话就会被惩罚。还告诉他，在哪里跌倒，在哪里爬起来，不但要爬起来，还得爬得很高。

后来，安安开始考试焦虑。平时上学也是惶惶不安，害怕老师提问，害怕突然而来的小测验。期中考试时，安安居然偷着逃课，没有参加。

我正打算给安安妈妈打电话时，安安却先打电话给我了，“老师，我想自杀，麻烦您和我爸爸妈妈说一声……”

我听了，很着急，忙问清安安的位置，然后找到安安，和安安聊了以后，我才知道，在他身上居然发生了这么多事情。我给安安妈妈打电话，安安妈妈大惊失色，连忙赶来找安安。

我对安安妈妈说："安安的心理压力太大了，你们要多关心一下他，不要只给他压力，万一出了什么事情，就后悔莫及了。"

如果父母只给孩子压力，想着早点让孩子出人头地，那么父母可能一辈子都无法让孩子独立起来，因为孩子可能会因为焦虑而无法专心挖掘自己的潜能，因为焦虑而不敢挑战，不敢成功。

☆　☆　☆　☆　☆

开家长会时，班上一个女孩的妈妈告诉我，女孩经常哭，而且没有理由。比如，她给自己规定一个小时必须完成作业，可是如果作业多，或者她中间玩的时间长，在规定的时间里完不成作业，她就会哭闹不已。

我没有想到，因为这个女孩在学校里表现得特别乐观，只是脾气稍稍有点急。就对女孩妈妈说："你不用要求她一个小时就完成，咱们四点放学，六点完成作业就行了。"

这位妈妈说："是她自己给自己定规则。但是回家后就开始玩，你提醒她，她也不听。玩够了再做，可这往往就耽误了很长时间。她不会算这个时间，反而哭闹。"

孩子不会自我评价，是因为无法全面观察自己的行为，无法全面衡量自己的能力，无法正确面对问题，这时候父母要给予孩子指导，以免孩子产生焦虑心理。

☆　☆　☆　☆　☆

有焦虑心理障碍的孩子，大多来自于幼年结下的症结。所以，在孩子很小的时候，父母要注意自己的教育方法，给孩子营造良好的家庭氛围，同时要密切观察孩子的心理变化，了解原因，并有意识地从小训练孩子调节情感的能力。

我只得了第六名
——让孩子摆脱虚荣，欣赏自己

孩子在意自己的名誉，看重他人的评价，想听别人的赞美、恭维等等，这些心理都属于正常。但如果因失去这些而难过，甚至不惜用虚假的东西去换取，这就是虚荣心在作怪。

周末，小语从学校里回来，脸上的表情明显很不高兴。我了解小语，她平时总是笑呵呵的，一天到晚脸上挂着笑容。

因此，看到这种现象，我不敢轻视，走到小语面前询问："小语，遇到了不开心的事情吗？"

小语看了我一眼，幽幽地说："妈妈，这次摸底考试，我只得了个第六名。"

小语的成绩一向很好，从来没有下过前五名，这次名次排在第六，心里肯定多多少少会有点不舒服。

我劝慰她说："这次成绩考得差了些，下次努力，争取提高成绩，不就行了吗？何必为此烦恼呢？"

"我懂这些道理，可是我就是高兴不起来。"

"给妈妈说说究竟是什么原因？"从女儿的话中，我觉得她好像不仅仅是因为没考好而难过。

小语张了张嘴，但犹豫着没有出声，眼睛盯着我，像是考虑着是否应该说。

"小语，什么事情都可以给妈妈说，别担心。"我鼓励她。

"我们班每次考试，前五名的同学，名字都会用毛笔写在一张大红纸上，贴到教室后面的墙上。这次我是第六名，得一段时间在红纸上看不到我的名字了。"

小语的话刚落音，我就意识到女儿心里难受，是虚荣心在作怪。

我往她身边挪了一下，紧挨着小语说："你觉得名字写在红纸上，让别人看到，有多么重要？"

之所以这样问女儿，我是想知道，小语的虚荣心是否严重。

"其实，我觉得有真才实学才更重要。"女儿这样的回答，表明她并不是十分在意虚无缥缈的名誉，虚荣心还没有那么严重。

这下我就放心了，告诉女儿不要在意一些外在的东西，多充实自己。她答应着，脸上露出了笑容。

孩子在意自己的名誉，看重他人的评价，想听别人的赞美、恭维等等，这些都属于正常。但如果因失去这些而难过，甚至不惜用虚假的东西去换取，这就是虚荣心在作怪。

父母发现后，需要及时引导，否则后果不堪设想。

☆　☆　☆　☆　☆

记得我读大学的时候，班里有一个女同学，身材修长，长得眉清目秀，还留着一头乌黑的长头发，十分漂亮，是许多男同学追求的对象。

她刚进校时，逢人便说自己考了多少的高分，住别墅，有奔驰，家里有很多保姆等类似的话，引起了许多同学的羡慕。一些男同学，看到她不仅才貌双全，而且家庭十分富有，对她是大献殷勤。

每天，这位女同学身边，都会有男生陪伴，她像一个骄傲的孔雀，高昂着头，向所有人炫耀着自己的魅力。

后来，有一个女同学，不知道用什么途径，知道了她高考的分数，并把它宣扬开去。这一下，同学们知道她是说谎，有一些男孩子不再像以前那么热情，女孩子也不愿意继续与她为伍。

接着，有知道她底细的同学透露，这个女同学的父母只是普通的农民，家里供她上学已经十分困难，根本没有什么别墅和高级轿车。后来经过核实，确实如此。

这一下子，像炸开了锅。几乎所有的人，对于她说的每一句话，都开始持怀疑态度，看她的眼神，带着鄙夷。那些以前盲目追求她的男孩，也个个远离。

这个女同学，最终承受不住这样的打击，刚进校两个月，就休学回家了。

因为虚荣，孩子可能用一切谎言包装自己，虽然刚开始时会引起别人的关注，但也会因此变得提心吊胆，生怕哪一天被揭穿。

可是，事实终归是事实，真相必会显现，用谎言包装的金玉外表必将败露，到时候不但丢人，恐怕永远都会抬不起头。

☆ ☆ ☆ ☆ ☆

虚荣心，一般孩子都有，但只要父母及时发现和正确引导，就有可能使它转化为奋斗的力量。

我一个远房表姐的女儿小英，就是一个典型的例子。

小英升入初中时12岁，正是爱美的时候，同时受到虚荣心影响，她要求妈妈给自己买名牌学习用具，也要穿名牌的服装。

这一要求，对于收入不高的家庭来说，是一个很大的负担。表姐不仅直截了当地拒绝了女儿，还和她深谈了一次。

表姐告诉女儿这种要求是虚荣心的表现，以及虚荣心会有哪些危害等等。同时她激励小英现在努力学习，将来有出息，挣钱多了，要什么再去购买。

小英认识到了自己的错误，开始把精力和时间都用在学习上。现在她读初二，成绩非常好，每学期都被评为“三好学生”，再也没有提过穿、用都要名牌的要求。

☆ ☆ ☆ ☆ ☆

告诉孩子虚荣的种种危害，帮助孩子丢掉虚荣心，或者化虚荣为力量，通过自己的努力去获得想要的一切，这样的孩子才真正令人佩服。

如果我能做，那我还是小孩子吗？
——帮助孩子克服悲观情绪

很难相信，一个弯眉紧蹙、愁容满面的人生活是幸福的，即使他生活在贾府那样荣华富贵的地方。如果父母发现孩子的忧伤是一种常态，那么就要警惕了。

每个人都会有忧愁、伤感的时候，很多艺术家还依赖于这种悲春伤秋的情绪，来完成艺术作品的创作。可对于孩子来说，这种忧伤却要不得。

小倚是我的一名学生，她的父母因经济犯罪而进了监狱，小倚从此与外婆相依为命，她变得特别消沉、敏感，只要旁边走过的人发出笑声，她就会认为人家是在谈论她、嘲笑她。

那段时间，小倚的作文也满是悲伤之言，我时不时就能看到这样的词句“人生不过是一场悲剧”“错了，就没有改过的机会了”“为什么命运喜欢跟人开玩笑”……

小倚的成绩很快就出现了滑坡，上课的时候，我经常看到她趴在桌上，不听课，只发呆。马上就要升学考试了，我很担心她这种状态，就和小倚奶奶商量，让小倚在周末来我家住两天。

这两天，我仔细观察了小倚，我发现，她特别悲观。我让她做什么，她都没有精神。让她和小语玩，她也提不起兴趣。

我想，我需要很长时间慢慢帮助小倚克服悲观情绪。

孩子的心理成长过程中出现的困惑以及周围环境的变化，都能使孩子产生悲观情绪。但父母一定要给孩子制造机会，让孩子了解灾难并不代表着人生结束，相反，是开始。

☆ ☆ ☆ ☆ ☆

文天和小松、小语的关系很好，我们都认为她是一个益友，但这种情况在文天上高二的时候发生了变化。

开始，我断断续续听到小松小语谈论文天“她不怎么喜欢出来玩了。”“她见面也不愿意跟我打招呼了。我跟她说话，她只苦笑一声，轻轻说一声‘再见’，就走了。”“她是为了写诗吧，‘为赋新词强说愁’嘛。”

等再见到文天时，我发现这孩子微蹙着眉，眼睛微眯着，显得迷茫而又充满伤感。我不敢直接问她，就问是否学习很累。她微笑着摇摇头，轻轻跟我道别，转身走了。

为防万一，我给文天的妈妈打电话，问文天最近是否发生了什么事情。文天妈妈一听，紧张地问我：“怎么了？怎么了？快告诉我，别让我着急。是不是她谈恋爱了？还是被老师批评了？”我连忙安慰她，说：“没有，上次我看见她，她似乎很悲伤。”

文天妈妈一听笑了：“哎，你不知道，这孩子，现在迷上徐志摩、汪国真，还有席慕容，天天写诗，也就变得悲伤了。不过，我最近和她谈过了，告诉她诗人不一定都是愁人。”

我听了，哈哈大笑，我说：“不管怎样，一定要让文天多出来玩玩，别宅在家里。”

处于青春期的孩子，或者被诗歌散文迷住的孩子，亦或者被悲歌俘获心灵的孩子，会自然产生一种悲伤的情绪。这种情绪很正常，但是时间久了，会让孩子失去奋斗力。

☆ ☆ ☆ ☆ ☆

我每年都给学生做一次心理测试。让我惊讶的是，大多数孩子对人生没有任何概念，也没有稳定的价值观和人生观。

我知道现在的孩子生活在父母的羽翼下，没有危机感，不会未雨绸缪。父母适当给孩子走到门外的机会，才能让孩子自己去把握这个世界。

那天，学校里有个学生在校门口拦住我，问我："老师，我妈现在什么都不管我，什么都让我自己做。如果我能做，那我还是小孩子吗？"说着居然哭了起来。

我打量了这个孩子一下，他的个头已经快与我同高了，身体很健壮，听他流利的话语，大脑发育很不错。只是由于父母放手晚，孩子对未来充满了悲哀和恐惧。

早点给孩子挑战人生的机会，当孩子有了更多的经验和技能，他才不会对未来充满悲哀和恐惧，才能乐观看待一切。

☆　☆　☆　☆　☆

悲观是无能的表现，这话虽然极端，但却说明靠悲观永远解决不了问题。在成长的过程中，孩子会遭遇各种迷茫和困惑，很容易产生悲观的情绪，封闭自己，不敢看未来。这就要父母指导孩子，积极看待生活的一切，命运左右不了对自己永远充满希望的人。

我家孩子胆小老实
——父母放手，孩子才能不胆小

父母想改变孩子的懦弱，就要放手让孩子去应对一些事情，鼓励孩子大胆地表达自己的想法。

如今，越来越多的孩子言行举止怯怯弱弱，遇事没有主张，什么都要依赖父母出面解决。

林森读三年级时，林森妈妈非常着急，因为林森在学校常被调皮的女同学欺负。他不但没有勇气解决，还总是哭哭啼啼。

林森妈妈和老师也做过沟通。老师无奈地表示，班上几乎一多半的男孩都有这样的行为习惯。每次和女生发生矛盾，甚至打架，战败哭泣的都是男生。

林森妈妈对老师说："我家林森胆小老实，你要多关心关心他，千万不要让别的同学欺负他。"

可是，学校里孩子打打闹闹难免会有身体的碰撞。一次，林森放学回家又哭开了，说王乐乐推了他一跤。

林森妈妈一激动，就冲到学校和老师理论，老师也生气地回了她一句："有你这样的妈妈，儿子不胆小才怪。"

"唉，你瞧老师这话说的……"林森妈妈气愤地说。

我笑着点头说："老师说得有一定道理。家庭是孩子性格养成的第一摇篮，这其中以妈妈的教育和影响最为重要……"

林森爸爸出国后，妈妈认为不能委屈儿子，日常生活中可谓尽心尽力，生怕儿子有个闪失。有时林森想自己出门和小朋友一起玩，妈妈都不停地在后面叮嘱："等妈妈跟你一起去，别让人欺负了你。”

孩子需要自己的成长空间，才能养成遇事独立、勇敢的个性。父母要放手让孩子去经历、应对一些事情。比如，在学校遇到问题，孩子向父母哭诉，父母可以鼓励孩子找老师沟通。一次两次后，孩子的懦弱就会有所改变。

☆ ☆ ☆ ☆ ☆

一位中学生的妈妈带着儿子来找我咨询，她说儿子特别文静，爱写作、画画，还会弹钢琴，可却性格内向，一讲话就脸红结巴。

妈妈为了改变他的性格，常常带他走亲访友。可他紧张结巴，妈妈又担心儿子从此落下口吃的毛病。

男孩局促不安地地坐在我对面，眼睑低垂、一言不发。我笑问他：“听说你很喜欢写作。平时都喜欢读谁的书啊？”

他犹豫片刻，蚊子似的哼唧：“老……舍，钱……钟书。”

我显得很兴奋的样子说：“你为什么喜欢他们的文字？”

“我以为……以为……他们不但通古博今、才华横溢，还非常诙谐幽默。”

我说：“看来你也是个懂得并喜欢幽默的人哦。”

他怯怯一笑说：“也许是吧。可……同学们笑……笑话我是‘奥特曼’，不喜欢流行的穿越剧。”

我赞赏地说：“可是我以为，你比你的同学更有品位和底蕴。”他拘谨地摇头。

我双手轻搭在他肩上说：“幽默风趣的人，任何时候都受到人们的欢迎和喜爱。我坚信，你如果能多和同学交流，大胆、勇敢地发表自己的观点和见解，会有很多人赏识你。”

他惊喜地看了我一眼，迟疑地点了点头。

之后，我对他又进行过几次交流，跟他聊文学、聊音乐。他侃侃而谈，见解独到，话语一次比一次流畅、自信。不久，他不但成为学校、班级的文艺骨干，还负责校报的主编工作。

当孩子懦弱、紧张时，父母可多为孩子提供独立思考、表达自己意见的机会。如果孩子说得对，父母要给予赞赏，加以鼓励，使孩子获得自信，提高展示自己的胆量和勇气，从而改变懦弱的个性。

☆ ☆ ☆ ☆ ☆

周末，奶奶去陶琳家。丈夫外出，我要去参加小语的英语比赛，只能留 7 岁的小松一人在家。

小松带着哭腔说："我怕。万一家里有坏人来，怎么办?"

我告诉他："咱们小区有保安。如果有坏人敲门，你就按门旁的报警器报警；如果坏人拉你拽你，让你跟他走，你就大声喊叫。坏人心虚，就会逃跑掉。"小松还是有点犹豫。

我"激"他说："你平时都说自己勇敢，今天妈妈就考验你一天，看你到底是男子汉还是胆小鬼?"

听我这么说，小松挺了挺胸脯，甩着钥匙说："好的，你们去吧，我在家守门。"

经过这一次，小松不再像以前那么恐惧。以后每逢我和小语逛街买衣服，小松不愿意跟着去，就主动要求一个人独自在家。

可是，有一次，老家来了个品性不好的亲戚。他敲开门，看到家里新买的按摩椅，对小松说："你爸爸帮我买了一台按摩椅，让我来家里拿。"

小松瞅瞅客厅一角的按摩椅，狐疑地说："前几天是有人托爸爸买按摩椅。不过，那好像是隔壁楼道的李阿姨。不是你。"

亲戚着急地说："我和阿姨是一家。你赶快让我拿走吧。"

小松笑着说："好吧。"

可是，等亲戚扛起按摩椅走到楼梯拐角处，小松用力关上门，摁了家里的报警器，叫来了保安。

孩子独自相处时，也会产生一种潜意识的惧怕感。因此，父母应从小培养孩子独立办事的能力。例如，交给孩子一些可以独立完成的任务，告诉他如果遇到困难，该怎样应对，以增强他的胆量和勇敢精神。

☆ ☆ ☆ ☆ ☆

性格懦弱的孩子，不管遇到什么事，第一个反应就是“怕”。因此，消除“怕”字，让孩子大胆处理事情，是摆脱懦弱的重要手段。而反复培养孩子的独立性，会让孩子在勇敢的同时学会保护自己的安全。

她怎么这么敏感
——让孩子学会克服敏感

父母要做的是，多肯定孩子，引导孩子自我肯定，树立孩子的自信心。孩子有了较强的自信，他就不容易被别人消极的评价和看法所打击，对别人的评价就不会过于敏感了。

敏敏是我一个大学同学的女儿，她敏感、内向，小时候的她很爱哭。同学曾经开玩笑地对我说："是不是我给女儿起名字起错了，所以她这么敏感？整个一个林黛玉。"

已经是初中生的敏敏依然多愁善感，动不动就哭。

一天，我去同学家，正遇上敏敏在轻声地啜泣。

原来，敏敏要去同学家玩，执意要穿那件同学前几天刚买来的黑色紧身裙，而同学觉得女孩穿这样的衣服不太合适。

同学对女儿说："你怎么这么娇气啊？怎么动不动就哭？说你一句就受不了了？"

接着，她转身对我说："这孩子！什么也说不得。我不就是说这件衣服有些老气吗？她就受不了了，唉。"

我想，敏敏属于敏感气质的孩子，而实际上，同学也属于敏感气质，很容易因为一件小事而满怀心事。

对于敏敏这样的孩子，父母首先要"大气"，不为小事而伤怀。另外，父母也要接纳孩子的情绪，不是指责、嫌弃孩子的情绪，而是引导孩子表达情绪、疏导情绪。

☆　☆　☆　☆　☆

很多过于敏感的孩子常常对自己缺乏自信。为此，父母要帮助孩子树立自信。这样，孩子就不会过分在意别人的眼光和评价，不会因为别人的看法和评价而产生很重的心理负担。

有一位读者妈妈向我求助，她说，她的儿子今年16岁，性格很内向，并且非常敏感、脆弱，经受不住打击和挫折。

她儿子的数学成绩一直都很好，但有一次考试却没考好，只考了60多分。

那一天，数学老师在班上对儿子说："人家有些成绩差的同学都考了80多分，你怎么就考了这么一点儿?"

这个男孩的妈妈告诉我，就是老师这样一句话，儿子好多天都闷闷不乐，再也无心学习、无心做事，甚至吃不下饭、睡不好觉。

男孩之所以对于老师的话"耿耿于怀"，我想，可能是因为他对自己缺乏信心，所以别人消极的评价很容易打击他。

想到此，我问这位妈妈："您的儿子是不是比较自卑?"

妈妈回答说："是，他看上去很自卑，其实他的学习能力很强的。"

"嗯，理解了。这个年龄的孩子很在意别人的评价，孩子敏感脆弱，跟他缺乏自信、自尊心强都有关系。

"所以，您要做的是，多肯定孩子，引导孩子自我肯定，树立孩子的自信心。孩子有了较强的自信，他就不容易被别人消极的评价和看法所打击，对别人的评价就不会过于敏感了。"

如果孩子过于敏感，父母先不要责备孩子的不坚强、不大气，更不要认为孩子是"问题孩子"，而要设法树立孩子的自信心，这是让孩子正确面对别人评价和看法的根本。

☆ ☆ ☆ ☆ ☆

敏感的孩子常常会为一件小事而烦恼，甚至把不相关的事情胡乱联系到一起，并将不好的感受盲目地放大，进而惩罚自己。

小语初二时，有一次被班里选中去参加学校的一门学科竞赛。但是，那一次，小语没有发挥好，竞赛没有获得名次。

由于这件事，小语很自责，她觉得自己辜负了老师和同学们对她的期望，因为她没有为班级争得荣誉。

之后的一天，班主任老师在班会上不点名地批评了某些学生学习不认真。

而小语把老师的这个批评与她竞赛失利这件事联系在了一起，她认为老师是在批评她没有认真学习，所以竞赛成绩不好。

因此，小语心情更糟糕，整天茶饭不思。

事后，我才了解到，小语班主任批评的是一些调皮的孩子，是小语自己想多了。

我想，小语可能不太接受自己那次竞赛失利，所以她会对老师的话那么敏感。

了解了整个事件，我对小语说："我知道你竞赛没发挥好，心情不爽，不过那次老师并不是在批评你。再说，一次竞赛失利并不能说明什么，我相信你能正确面对这次竞赛失利。"

见小语不说话，我又继续说："每次做事失利，对我们都是一次考验，也是一次难得的成长机会，这会激励我们以后做得更好。你说呢？"

在我的劝导下，小语逐渐放开了心胸。

具有宽广的心胸，具有积极乐观的心态，孩子才能不为小事纠结，内心才能容得下更多不平、不快的事。

所以，对于敏感的孩子，父母还要设法培养其积极乐观豁达的心态，培养其宽广的胸怀，引导孩子学会接受生活中的一切考验和挑战。

☆ ☆ ☆ ☆ ☆

敏感的孩子往往情感细腻，但过于敏感则可能对孩子的成长不利。过于敏感的孩子常常自卑、脆弱，特别在意别人的目光、评价和看法，难以释怀别人消极的评价和看法。

对过于敏感的孩子，父母要尽量少批评、指责，而要多给孩子肯定和信心，要懂得接纳孩子的情绪，培养孩子积极乐观、宽容的心态和胸怀，教孩子在别人的评价中客观认识自己。

第八章

扫平学习障碍，
引导孩子爱学、乐学、会学

我女儿记忆力特好
——利用优点激发孩子的学习兴趣

孩子的学习兴趣都有自己的独特性，而他兴趣的发展和表现正是他天赋和素质的先兆。父母要善于发现孩子的兴趣，正确引导孩子不断发展自己的兴趣，让孩子的学习潜力得到更好的发挥。

亲戚的女儿很喜欢学习，从小学到高中，她的成绩一直是全校第一。

有一年冬天，下着雪，我去亲戚家，看到她在院子里边扫雪边背英语单词。那天很冷，我看到她的小脸冻得红红的，就忍不住夸她："你真是个刻苦学习的好孩子啊。"

没想到她反驳我："你说错了，我不是刻苦学习，我是在高兴地学习。"接着她一口气背下了一篇英文课文。

我笑着说："背得真流畅。"

她也笑起来，说："这是我一早上的收获，我边扫雪取暖，边背这篇英文课文，对着这美丽的雪景，用我妈的话说，这是多快乐的事情啊，既欣赏美景，又能学到知识。"

正在这时，亲戚出来了，笑着向我表扬她，"我这个女儿呀，特别会学习，她上小学时，开始字写得不好，我让她再练一遍，嘿，她一连写了好几遍，那字是一遍比一遍写得好。"

听到妈妈夸她，她脸红了，不好意思地说道："那都多久的事情了。"

亲戚笑了，又说："那我提件最近发生的事情，上次我和她去买书，在公交车上，有几位外国人比划着问路，一车人都回答不了，还是我女儿用英语告诉了他们呢。”

她抬头看着妈妈高兴讲述的样子，轻轻地笑了。

亲戚继续说：“我女儿记忆力特好，又爱学，又喜欢学，呵呵，什么难学的东西，在她那里都不成问题。”

在亲戚夸她的时候，她悄悄地回房间，又拿了一本语文书出来，并小声地背着一篇古文。

父母要想让孩子对学习感兴趣，就要多表扬，少批评，还要善于发现孩子的优点，让他多体验成功的乐趣。这样既增强了孩子学习的自信心，又让他体会到学习的快乐。

☆ ☆ ☆ ☆ ☆

我一个老师的儿子小时候特别好动，对什么都感到好奇，老师总是不厌其烦地回答他。儿子上学后，总是贪玩，常忘记写作业。

有一次，儿子问她：“妈妈，我为什么不想写作业呢？”

老师说：“因为你没有发现写作业的乐趣。”

儿子好奇地问：“写作业还有乐趣？”

老师借着儿子的好奇，说道：“写作业是让你把东西学得更牢固，这样当你需要这些知识时，它们就会跑来为你服务，就像你忠实的奴仆。”

儿子更好奇了，问道：“作业会为我服务？还当我的奴仆？”

老师点点头说：“你学数学，学会了算账，到外面买你喜欢的玩具时，别人不会少找你钱；你学语文，认的字多了，就会自己看故事书，读的书多了，再加上想象力，自己就会写故事了。”

儿子认真地想了想，说道：“嗯，你这么一说，我觉得写作业的用处很大呢。以后我就可以自己买东西，自己看故事书了。”

后来在老师的引导下，儿子不再排斥写作业。

父母要利用孩子感兴趣的事情来激发他的学习兴趣，对孩子的提问要积极回答，让他充分感觉到学习的重要时，他才有学习的积极性。

☆ ☆ ☆ ☆ ☆

有一次，和一位妈妈聊天时，她说："一个人对学习的态度，取决于他的家庭。如果他的父母喜欢学习，这个孩子才愿意学习。"并向我讲起她的亲身经历。

她没上学的时候，每到晚上，爸爸就会拿出一本书，端坐在书桌前，边看书边在纸上写。而妈妈在收拾完家务后，也会拿一本书看。

她说："那时年纪虽小，但看到爸爸妈妈在学习，我也会模仿他们那样看书，有时还在纸上乱画。"

上学以后，放学回家读书、写字就成为习惯了。刚上小学时，作业少，她在学校就把作业写完了。可她回家后，仍然会重新再复习一遍。

她对我说："学习和做其他事情一样，是可以传染的，特别是在家庭当中，当孩子看到父母在学习，他就不由自主地跟着学，时间长了，学习就成为一种习惯了。"

直到现在，每到晚上，她依然会伏案学习一两个小时。而她的儿子，在她的影响下，不用她提醒，饭后就回到自己房间去学习了。

父母要记住，只有良好的家庭环境才会培养出智力优秀、聪明活泼的孩子。父母是孩子的第一任老师，要想让他爱学习，父母就得以身作则，喜欢学习。

☆ ☆ ☆ ☆ ☆

兴趣是最好的老师。孩子只有对学习感兴趣，才能激起他对学习的积极性，推动他在学习中取得好成绩。因此，父母要想办法引导他对学习感兴趣，让他乐学才能学好。

孩子的学习兴趣都有自己的独特性，而他兴趣的发展和表现，正是他天赋和素质的先兆。父母要善于发现孩子的兴趣，正确引导孩子不断发展自己的兴趣，以让孩子的学习潜力得到更好的发挥。

是不是狗狗饿了
——启发孩子养成思考的习惯

“学而不思则罔”，意思是说只会学习而不会思考的人，就会迷惑不解，等于没学。教育的核心目的就是要教孩子学会思考。思维能力的强弱，直接关系到一个人的学习和工作的成败。作为孩子的第一任老师，父母应该培养孩子从小养成勤于思考的习惯。

小语2岁多的时候，每晚睡觉之前都要让我给她讲个故事，为了启发她的思维能力，每次讲完故事我都会引导她就故事提问。

有一次，我给小语讲《卖火柴的小女孩》。当听到小女孩又冷又饿的缩在街头用火柴取暖时，小语泪光闪闪地问我：“妈妈，小女孩的爸爸为什么不卖火柴？为什么要让小女孩出来卖火柴？”“为什么没有人买她的火柴？”

听到小语这几个富有启发性的问题后，我十分高兴地表扬了她一番。

培养孩子勤于思考的习惯，其实就是培养孩子要学会提问题。除了在讲故事时引导小语提问题，平时陪小语做游戏时，我也经常启发小语养成爱动脑筋的好习惯。比如，有一次她的电动玩具小狗忽然不跑也不叫了。

小语着急地对我说：“妈妈，狗狗不跑也不动了。”

我启发小语说：“狗狗为什么不跑不动了呢？小语自己想想是什么原因？”

小语想了一会儿说：“是不是狗狗饿了？”

我觉得小语的这个问题提得非常好，她能根据人的机体规律去思考玩具小狗，这对她的想象力和思考能力都是个非常好的训练。于是，我接着她提出的问题启发她说："那小语想一想，狗狗平时'吃'什么才会跑？"

在我一步一步的启发下，小语不但弄明白了玩具狗狗和人不一样，还弄明白了狗狗为什么要装上电池才能跑。正是因为我在小语小时候就经常启发她思考问题，所以，小语上学后，每遇到有难度的作业时，总会自己想办法解决。

"教育就是教人去思维"，这句话说得非常有道理。因为孩子读书和学习的目的就是为了发展思维技能和掌握知识。问题是思维的起点，提问题对于培养孩子思维能力是非常重要的。作为父母，要想培养孩子勤于思考的习惯，就要善于激发孩子遇事要多提问题。

☆ ☆ ☆ ☆ ☆

要想让孩子养成经常用自己的头脑去思考问题的习惯，父母就应先让孩子认识到思考的重要性和意义。

小语上小学一年级的时候，有一天，我带她去书店买书。上午我们去时，天上还烈日当空。等中午我们买完书出来时，却发现天上乌云密布，马上就有可能下起倾盆大雨。

小语看了一眼天空，发愁地说："妈妈，我们现在回去，会不会淋雨呀？"我意识到这是教育小语解决困难的好时机。我说："那你说我们现在该怎么办？"

小语想了想说："妈妈，要不我们在书店看会儿书，等雨下完了再回去。"小语非常喜欢在书店看书，要不是我催着她回家吃午饭，她根本就不想从书店出来。

我说："现在还没下呢，你知道雨什么时候能下完？中午我们在哪儿吃饭？"

听我这样说，小语想了想又说："妈妈，我们要是骑车回家的话，路上可能会淋雨。要不我们坐公交车回家吧。”小语能这样解决问题让我感到非常高兴，为了进一步启发她的思考能力，我又说：“那我们的自行车怎么办？”

我以为小语会想一会儿，谁知她竟十分不以为然地说，“就放书店这儿呀，等雨停了，我们再坐公交车过来骑。这样，我们就可以再来看一会儿书了。”这小东西，原来是这么想的。

那天，我依小语的建议，把自行车寄存在书店附近，然后坐公交车回家。我们走到半路上，雨就下下来了。等我们到家时，大雨还没停。

让孩子参与解决问题，能很好地激发孩子开动头脑去思考。可以说，遇到困难时恰好是引导孩子思考的最佳机会。

作为父母，当孩子遇到困难时，不要替孩子拿主意或是帮孩子解决，而是应设法启发孩子自己想办法处理。这对开发孩子的智力和让孩子养成良好的思考习惯都有非常大的帮助。

☆　☆　☆　☆　☆

一般来说，孩子的思维能力，与平时善于观察有着直接的关系。

小语从小就喜欢花花草草，我们家阳台上也一直种着好多种花。小语三岁多的时候，有天看到阳台月季花枯萎了，就十分忧伤地问我：“妈妈，花花是不是生病了？是不是要死掉？你看它的叶子都已经发黄了。”

那时正值深秋，正是“秋风扫落叶”的季节。为了启发小语的思维，我问小语：“人们现在穿衣服和夏天有什么区别？”然后一步一步引导她，让她逐渐明白，随着天气变冷，花花是为了自我保护，需要落叶来减少体内的水分，以贮存越冬休眠时所需的养分。

为了让小语在观察中学会自己动脑子思考，那年冬天，我还特地把那盆月季花放到客厅里养。

思考能力是智能发展的核心，没有思考，就不会发现问题和提出问题。因为只有善于发现问题，才能作出正确的判断和决定，有效的思考能力对一个人的成功和幸福至关重要。

☆ ☆ ☆ ☆ ☆

“学而不思则罔”，意思是说只会学习而不会思考的人，就会迷惑不解，等于没学。教育的核心目的就是要教孩子学会思考。思维能力的强弱，直接关系到一个人的学习和工作的成败。作为孩子的第一任老师，父母应该培养孩子从小养成勤于思考的习惯。

思考能力是智能发展的核心，没有思考，就不会发现问题和提出问题。因此，父母应该引导和启发孩子，通过对周遭事物的观察，让孩子从小养成勤于思考的良好习惯。

保护孩子的好奇心
——让孩子学会虚心好问

在现实生活中，每个人都不可能什么事都懂，许多问题对于一个博学的人来说都是一无所知。所以，即便是学习成绩优秀的学生，也不可能什么事都比别人知道得多。这就要求做人一定要养成虚心好问的良好习惯。

我有个小学同学肖键，由于太贪玩，学习成绩非常差，对老师布置的作业经常当耳边风。每次交作业时，他就以各种各样的借口推托，如作业本丢了，放在家里忘了拿，家里的小猫把作业本撕了等等。

我是班里的学习委员，小学五年级上学期时，班主任安排我和肖键坐同桌，让我监督肖键写作业、交作业。

我们下午最后一堂课是自习课，也是写作业的课。每到这节课时，我就会要求肖键把作业本拿出来和我一块写。由于肖键上课时根本不听讲，所以作业也根本不会做。而他又是个虚荣心特别强的男生，不会做也不问我，只瞪着作业本发呆以磨蹭时间。

我看出来后，就主动给他讲题。而每当我给他讲时，他就会不耐烦地说他知道了，让他做时，他照样不会做。

老师见我帮助不了肖键，后来又把我们的座位给调开了。我升初中后，肖键又留级重读了一个五年级。

有的孩子虚荣心强，不敢在学习上公开承认自己有不懂的问题。即便不懂，也不愿向老师或同学请教，这样下去对孩子的成长非常不利。

作为父母，在教育过程中，一定要让孩子明白，任何人都不是完人，因为无论是谁，都不可能什么都懂，教育孩子要从小养成虚心好问的习惯。

☆ ☆ ☆ ☆ ☆

父母希望孩子虚心好问，首先父母就要在这方面给孩子做出榜样。

小语3岁时，就已经能自己看故事书了。但她每晚睡觉之前，还会要求我给她讲个故事。

以前我给她讲故事时，她听得非常认真。而自从她能自己阅读之后，我发现，很多时候我刚讲到一半，她就听不下去了，就会打断我说："妈妈，我知道接下去是什么了，你不要讲了，我来讲给你听吧。"让她讲时，她却讲不出来。但为了面子，她不说她不会讲，而是乱讲一气。

后来我发觉小语这个不虚心的坏毛病在别的方面表现得也比较突出。比如我和同事小周带着小语和文文去公园玩时，2岁的文文问妈妈花丛间为什么要装个小"喷泉"。还不等小周回答，小语马上就抢着乱说一通，好像她无所不知似的。

为了矫正小语这个坏毛病，我很是伤脑筋。因为她年龄还小，给她讲大道理，她根本听不懂。后来，我想出一条妙计：每晚她要求我给讲故事时，我就会跟她换个角色，我让她讲，我听。当她讲不下去时，我再给她做一些引导。

在小语讲的过程中，我装着虚心好学的样子，经常向小语提出一些问题，要求她回答，并暗示她当自己不懂时，就一定要虚心向别人请教。除了在家里，外出时，我也经常当着小语的面，虚心向别人请教一些问题，用自己的行为让小语明白，无论什么时候，永远不要以为自己什么都知道。

一般来说，孩子表现出骄傲自大、目空一切，主要是由父母对孩子过分夸奖、过分娇纵导致的。所以，要想让孩子虚心，关键就在于父母对孩子的爱要适度，不能太夸奖和娇纵孩子。在教育过程中，一定要不断地指出孩子的缺点和不足。

由于孩子太小，还不能从切身实践中体会到虚心能使人进步的大道理，但他可以感觉到自己得到的好处和坏处。为了让孩子养成虚心好问的好习惯，父母可以用虚心好问就能得到奖励，骄傲自大就要受到处罚的方式，让孩子认识到虚心对自己有好处。

☆ ☆ ☆ ☆ ☆

父母希望孩子拥有虚心好问的好习惯，然而经常在不经意间就扼杀了孩子虚心好问的天性。

小区的强强是个好奇心非常重的孩子，经常会问妈妈一些千奇百怪的问题。如：为什么每晚睡觉之前要尿尿？奶奶的头发为什么是白的，而妈妈的头发却是黑的？星星为什么只在晚上才出来？小孩子为什么要上学，而大人却不用去上学……

强强妈妈高兴时，就对他的提问给予耐心解释和说明，不高兴时，就随便敷衍一下。后来，随着强强的问题越来越多，妈妈就变得越来越不耐烦，动不动就粗暴地拒绝回答。强强从妈妈那儿得不到答案后，渐渐地就不发问了。

强强上学后，遇到没听懂的课时，也不敢向老师提问。怕老师和妈妈指责，更不敢向他们公开承认自己听不懂课。时间长了，强强听不懂的课越来越多，学习的阻力也就越来越大。等妈妈意识到这对强强的学习和成长都有害时，强强早养成了不善发问的坏习惯。

孩子不善发问跟父母平时对孩子的要求苛刻有密切的关系。为了孩子的健康成长，无论孩子什么时候提问时，父母都不能责怪和训斥，而是应采取谅解的态度来鼓励孩子多发问，并善于发问，从而让孩子从小养成虚心好问的良好习惯。

☆ ☆ ☆ ☆ ☆

在现实生活中，每个人都不可能什么事都懂，许多问题对于一个博学的人来说都是一无所知。所以，即便是学习成绩优秀的孩子，也不可能什么事都比别人知道得多。这就要求孩子一定要养成虚心好问的良好习惯。

学英语跟老师有关系
——孩子成绩差总有原因

孩子成绩差的原因很多，要想提高他的成绩，父母首先要找到他不爱学习的根源，并和他一起寻找最适合他的学习方式，对症下药。这样他才会对学习产生兴趣，从而主动学习。

朋友的儿子上初中后，除了英语，其他科目都不错。初一第一学期考试时，英语竟然不及格。朋友一有时间，就和儿子一起聊天，趁他兴致好时，就与他一起探讨学习方法。

有一次，朋友陪儿子看电视时，中间有段英语对白，儿子看到有自己熟悉的单词，就念了出来。其实她只听到儿子念了一个英语单词，她故意问道："嘿，你居然看得懂英文啊。"

儿子有点儿不好意思，说道："就认识其中一个单词。"

她笑道："那也很不错了，你才上初一呀，我当年可没你的英语学得好。上初三时，看英文电影时还认不了几个单词呢。"

听了朋友的表扬，儿子有点得意，说道："要不是我不喜欢英语老师，我就能学好英语。"

朋友饶有兴趣地问："怎么，学英语和老师也有关系吗？"

儿子打开了话匣子，说道："我们英语老师水平特差，脾气还很臭，班里大部分同学都不喜欢她。我上她的英语课时，一点儿打不起精神来。"

她耐心地对儿子说："每个人都想让自己变得完美起来，但人无完人呀。我们自己还有很多让人不喜欢的缺点呢。看人要多看对方的优点，这样对自己也有好处。"

儿子不解地问："看别人的优点，对自己有什么好处？"

朋友解释说："就好比学英语吧，你也知道学英语的种种好处，要是你多看英语老师的优点，当然就不会讨厌学英语了，说不定你能把字幕上的所有单词都认出来呢。"

见儿子不说话，她接着说："你英语学好了，老师自然也会改变对你的看法。从这一点来看，老师又是无私的。你想啊，你学得好你将来受益，她能得到什么好处呢？"

儿子点点头，说道："你说得很对，英语老师脾气不好，是嫌我们的英语成绩上不去。她水平是不高，但教我们还是能胜任的。"

孩子成绩差是有原因的，这需要父母多抽出时间陪陪孩子。沟通的时间多了，就加强了亲子之间的感情，孩子出现什么问题也能及时发现、及时解决，孩子也会把自己不愿意学习的真实情况告诉父母。

☆ ☆ ☆ ☆ ☆

有一段时间，小语一放学就上网看韩剧，有时干脆作业也不写，成绩急剧下降。起初我和丈夫轮流对她进行"说教"，但每次都不欢而散。

记得有一次，当我又为她上网时间长"教训"她时，她不服气地顶了一句："你光知道说我，我爸一回家就坐在电视前看，一直看到十一点多，你怎么不说他？"

小语的话，让我吃了一惊，此时我才发现，她虽然嘴上不说，但父母在生活中所表现出来的缺点，是造成她养成坏习惯的最主要的原因。

想到这里，我说："你说得对，不但你爸爸这个习惯不好，我也有很多缺点，有时熬夜写稿子，第二天很晚才起床，其实我完全可以白天写稿子的。"

那次和小语谈话后，我决定每周五晚上开一次家庭会议，让每个人总结自己和其他人本周的优点和缺点，优点继续发扬，缺点及时改正。

有了这个家庭会议后，小语不再沉迷于韩剧，小松也很快就改掉了上网玩游戏的坏习惯。

父母要想培养孩子良好的学习习惯，就得赋予孩子民主的权利，当父母有了缺点后，孩子提出来时要及时改正。这样当孩子有了缺点，父母再提出来，他也容易改正。

☆　☆　☆　☆　☆

同事的女儿上中学后，成绩急剧下降。同事不无担忧地对我说："为了提高她的成绩，我为她请了家教，可是半年过去了，她的成绩仍然不见起色，考得最好时与第一名也差一百多分。"

同事女儿上小学的时候，成绩一直是班里的前几名，升初中考试时，分数高出录取分数线八十多分。听她说女儿学习很用功，人也不笨，可就是成绩提高不上去。

有一次，我有事去同事家，她让我和她女儿谈谈。她女儿对我说："我的学习压力很大，不管怎么学，都达不到我妈的要求。"

原来，同事总是拿女儿的成绩和班上的第一名比较，虽然她女儿每次考试都有进步，可是与第一名相比，永远差很多。

同事女儿难过地对我说："每次考试的时候，我一想到妈妈那张失望的脸，心里就恐惧、紧张，生怕考不好了又惹妈妈生气。"

正因为背着这么大的思想包袱，虽然她很用功，但成绩总是无法提高。

每个孩子的智力发展都不一样，父母千万不要拿自己孩子跟别的孩子作比较，这只会导致孩子对自己没有信心。因此，当父母发现孩子在成长中有一点点进步时，就要表扬、鼓励他。

☆ ☆ ☆ ☆ ☆

孩子成绩差的原因很多，要想提高孩子的成绩，父母首先要找到孩子不爱学习的根源，并和孩子一起寻找最适合他的学习方式，这样孩子才会对学习产生兴趣，从而主动学习。

每个孩子都希望自己能有一个好成绩，这一点和父母的要求是共通的。因此，父母要树立正确的教育观，采取科学的教育方法来引导，让孩子早日从“失败”走向“成功”。

我妈总是打扰我
——安静环境让孩子集中注意力

要想让孩子学习时能够集中精力，父母首先要给孩子创造一个安静的、没有干扰的学习环境，避免环境因素过多地影响孩子的注意力。

一次，一位网友向我咨询，说自己12岁的儿子学习的时候总是注意力不集中。

她对我说：“我儿子读小学六年级了，每次写作业、学习时总是注意力不集中，总是东看看西看看，写一会儿玩一会儿，似乎心一直不在学习上。”

我问她：“每次孩子写作业的时候，您和丈夫在干什么呢？孩子的学习环境怎么样？”

我认为，自制力还不强的孩子学习时注意力不集中，这与他周围的环境有很大关系。安静有序的环境有助于孩子集中精力，反之，则会影响孩子的注意力。

对于我的问题，网友这样说：“我们一般是看电视，有时，我也做些家务之类的，丈夫有时和朋友在家里喝茶聊天。每次孩子写作业时，我就把他房间的门打开，以便我能监督他。”

经过交流，我了解到，这个孩子的妈妈做财务工作，爸爸是办公室职员，两人下班后都没有看书学习的习惯，而常常是看电视、聊天或与朋友在家里打牌。

最后，这位妈妈疑惑地问我：“这孩子吃穿不愁，什么事都不用操心，还不好好学习，他到底在想什么呢？”

我心想：这样的环境，孩子怎么能够集中精力学习呢？

想到这里，我对孩子的妈妈说："孩子要能集中精力，首先需要一个安静的环境，家人尽量不要大声说话，不要制造很多声音，关掉电视和电脑，父母最好也要在这个时间看书学习。"

可见，要想让孩子学习时能够集中精力，父母首先要给孩子创造一个安静的、没有干扰的学习环境，避免环境因素过多地影响孩子的注意力。

☆ ☆ ☆ ☆ ☆

下面这样的场景是我曾看到过的电视片段，也一定是我们的生活中很常见的：

孩子专心地在房间里读书、学习，关心孩子的妈妈一会儿给孩子送去一杯水，一会儿给孩子送去削好了的水果，一会儿又过去帮孩子扇扇子。

有时，孩子学习的时候，妈妈会走过去，站在孩子背后，一会儿说："坐正了，不然就驼背了。"一会儿说："好好写，认真一点。"一会儿又说："头抬高一点儿。"

可以理解，妈妈这是在表达对孩子的关心，或希望帮助孩子养成良好的学习习惯。但父母可能不知道，这样频繁地打扰孩子，可能会造成孩子注意力不集中。

有一个初一孩子的话很准确地表达了孩子的想法，她说：

"我很讨厌我妈在我学习的时候总给我送什么东西，我本来很专心地做数学题或写作文，她一进来就打断了我的思路，让我不得不重新思考。

"我妈对我的学习管得太宽了，从我上小学的时候开始，她就总在我学习时对我指手画脚。到现在也是，什么不要趴在书本上了，要把本子放正了，真是烦人。

"我每次学习或写作业，总是不能静下心来，总怕我妈又发现了我哪点做得不好，总怕她不时来给我送吃的、送喝的。其实我学习的时候，并不想吃东西喝水。”

父母对孩子学习上的这些关心，实际上是对孩子的干扰，会影响孩子的注意力集中。明智的做法是，只要孩子在学习，父母就尽量不要去打搅他，让孩子能够专注学习。

☆　☆　☆　☆　☆

一位网友向我抱怨说，他们夫妻俩给儿子创造了良好的学习条件，家里什么事都不用他操心，还花大价钱给他请家教、报辅导班，给他买最好的学习资料。

“可即使这样，儿子学习成绩还是很不好。现在，他学习时常常心不在焉，注意力不集中，好像一学习就会胡思乱想，这样成绩怎么能好呢？这孩子真难管教，愁人。”网友说。

经过详细了解，我才知道，网友把还在读小学的儿子的课余时间都安排得满满的。

晚上，孩子完成学校老师布置的作业，还要完成父母给他布置的学习任务。周末和假期，他要参加奥数、英语、写作等各种辅导班、加强班。

父母对孩子寄予了很高的期望，希望他上重点中学、重点大学。只要是有关孩子的学习，他们都很舍得投资，哪怕自己省吃俭用。

我告诉网友：“在这样高强度的学习要求和学习环境下，孩子注意力不集中、心不在焉是可以理解的。小学时期还是孩子玩的时候，如果给他过大的学习压力，安排过多的学习任务，孩子就容易疲劳，容易分心，也很容易厌学。”

网友问：“哦。那就是说，放松对他在学习上的要求？”

“给孩子玩的时间，不要把孩子的课余时间排得太满，这样他就不容易对学习产生厌倦。否则，孩子厌学，就很容易注意力不集中。试想，我们一天到晚只做一件事也会厌倦的。”

“我明白了。”

“另外，还要设法培养孩子的学习兴趣，使他在学习上能感受到乐趣，教孩子一些有效的学习方法，让他体验到学习的成就感，孩子喜欢的、能做好的事情就会集中注意力去做……”

事实正是如此，孩子如果对学习怀有浓厚的兴趣，能体验到学习上的乐趣和成就感，他肯定就对学习乐此不疲，很专注地去学习。

☆　☆　☆　☆　☆

集中注意力专注学习，这是每个父母对孩子的期望，但让孩子集中注意力学习是有条件的。比如对学习有兴趣、有责任感、有成就感等。父母不可只是责怪孩子表面的注意力不集中，而忽略孩子背后的这些问题。

我不想上学了
——孩子厌学，父母从自身找原因

如果孩子在学习中不断得到父母的鼓舞以及其他各种形式的激励，他就会把学习当成一件快乐的、有意义、有成就感的事情。这样会让他学得轻松，从而也更能享受学习的乐趣。

小区有个女孩是出了名的乖乖女，每天不用父母督促，一放学就回家学习，成绩一向很好。可是最近，女孩突然不想上学了，妈妈只好来找我咨询。

那天，女孩放学后，不像以前那样一回家就开始写作业，而是把自己关在房间里。妈妈看女儿有些反常，就推门进去，想问问原因，却发现女儿趴在床上，轻轻地哭泣。

见女儿这样妈妈吃了一惊，问道："你怎么了？谁欺负你了？"

女孩一骨碌从床上趴起来，边擦眼泪边大声地说："妈妈，我不想上学了！"

妈妈惊呆了，平时一向听话的女儿像变了一个人一样，连声说道："上学太没劲了，我不上了，也不写作业了，以后我就在家里帮你干活。"

看到女儿情绪很激动，妈妈没有再说话，而是偷偷给女儿的班主任打电话。这才知道，女儿这学期成绩下降很快，数学已经降到后几名了。

这位妈妈无奈地对我说："女儿一向听话，上中学后，我怕老督促她学习给她造成压力。所以，平时我和丈夫很少在学习上管她，即便她考试，也很少过问她的分数。"

我说："孩子上中学后，课程增多，难度也加大了，成绩很容易下滑。这时的挫败感会影响到心理，若不及时排解这种压力，孩子就会厌学。"

她着急地问："那我该怎么办啊？"

我建议道："多和她沟通，问她不上学后做什么，对以后有什么计划。等她回答后，你再认真地加以反驳她的观点，给她解释读书的重要性，让她自己主动要求继续上学。"

孩子上中学后，父母更要适度地管教，既不能放任自流，也不能事无巨细地整天唠叨。要多和孩子交心，了解他的学习状态。当孩子情绪反常时，更要学着做他的心理疏导师。

☆ ☆ ☆ ☆ ☆

有个学生在网上向我倾诉，说他现在一点儿也不想上学了，一到学校，就感到特别压抑。他说："我也明白，自己不上学，将来会后悔，可就是对学习提不起精神来。"

我问他："那你以前有没有这种感觉？"

他说："以前没有。"

我又问他："能把你以前在学校的情况讲给我听吗？"

他说："上小学的时候，我的成绩很好，还是语文课代表呢。我的作文被老师多次当范文来念。那时我感到自己特别想学习。不像现在，一到考试，我就紧张、恐惧。"

我问他："你为什么会紧张、恐惧呢？是在担心什么呢？"

他这才说道："怕考不好了对不起父母，我进这所中学，是家里托关系花钱才进来的。其实说句真心话，我一点不想来这里上学。在原来的学校，我还是班长呢。"

原来，他差几分没考上这所中学，只好进了一所普通中学，在那里他学得很轻松。初二下学期，他才来到这所升学率很高的学校，因这里的同学大部分是尖子生，他很有压力。

他说："这里高手如云，我觉得学习压力很大，特想回到原来的学校，又不敢和爸妈说，就对他们说自己学习压力大。我爸爸却说，有压力才有动力，让我加把劲，努力学习。"

尽管他使足了劲，成绩仍然是班里的后几名。他说："每次考试，当老师念我那少得可怜的分数时，我觉得老师和同学都在用异样的眼神看我，让我感到无地自容。"

孩子厌学，很大程度上与父母有关系。因此，家庭教育对孩子至关重要，父母在要求孩子的同时，要先找到自身的问题，只有和孩子一起成长，才能让孩子不厌恶学习。

☆　☆　☆　☆　☆

我当老师时，有个学生老是逃学，我多次劝说无效，只得把这事告诉他妈妈，让她多和儿子沟通，问清孩子厌学的原因。

几天后，那位妈妈找到我，难过地对我说："老师，我可怎么办啊？他说什么也不想上学了，还说要跟着他表哥去打工赚钱。"

那个学生性格比较内向，成绩属中等，平时也很用功。我猜他突然厌学，一定是另有原因的，我决定和他谈谈。

经过我再三开导，他终于说了实话，原因非常简单：他的英语一直学得很好，但在这学期突然换了老师，他一时无法适应，上课时听不懂，导致他的英语成绩一落千丈。

他说："我其他科目都很一般，只有英语学得好，以前常得到英语老师的夸奖、表扬，这让我很有信心。每次我其他科目考少了，但一想到英语会考好，心里就感到很踏实。"

当他引以为傲的英语成绩也下降后，让他觉得上学再没有任何乐趣可言，渐渐地开始放松学习，最后导致厌学。

我劝他："不要低估自己的学习能力，要多从自身找原因，然后再找学习方法。只要这么做，我相信不光你的英语，其他科目也会有进步的。"

事后我找到英语老师讲了他的情况。英语老师很配合，单独把他叫去谈话。从那以后，他不但英语成绩上升很快，其他学科的成绩也有所提高。

父母要帮助孩子找到学习动机，只有让孩子在学习中感受到爱、关注与被需要的感觉，才能让他感觉到学习带给他的安全感，这样孩子就不会产生厌学的情绪了。

☆ ☆ ☆ ☆ ☆

孩子厌学，大部分是因为父母教育出了问题，特别是当他听到父母空洞的说教，或是父母过于在乎他的分数，或是教育方法不对等等。所以，父母要积极地加以调整。

如果孩子在学习中不断得到父母的鼓舞以及其他各种形式的激励，他就会把学习当成一件快乐、有意义、有成就感的事情。这样会让孩子学得轻松，从而也更能享受学习的乐趣。

一边玩一边写作业，就会写很久
——允许孩子玩，让他写作业不拖拉

要想让孩子写作业不拖拉，父母就不要给孩子过多的学习任务，而要把玩的时间还给孩子。在孩子完成作业后可安排他喜欢的活动，让孩子写作业时精神愉悦。

小语刚上小学的时候，还没有较强的时间观念，最初写作业，她总是拖拖拉拉，常常一边写一边玩，本来不到半个小时就可以写完的作业，她要用一个多小时。

我知道小学孩子写作业拖拉是很正常的事情，但这并不意味着父母可以听之任之，孩子的时间观念以及良好的学习习惯要靠父母帮助他培养。

为了让小语从一开始就养成良好的写作业的习惯，我和她商议决定，允许她每天放学后可以和同学在小区里玩半个小时左右，然后回家写作业。

当时，小语每天放学后由奶奶接回来，她放学后在外面玩一会儿，回到家往往就五点多了。我也和小语商议好，要她六点前写完作业，然后可以看一会儿电视。

如果6点前没有写完作业，就取消她看电视，并且写不完作业不能吃晚饭。

有几次，小语玩得忘乎所以，忘了回家写作业，结果拖延了写作业的时间。当然，她没有看成电视，有时会闻着我做好的香喷喷的饭菜，她也不能吃，只能忍着美味的诱惑继续写作业。

制定了这样的规则后，我们就要求小语严格执行。被取消几次看电视节目的权利，且饿了几次肚子后，小语逐渐明白，要按时完成作业，写作业也很少再拖拉。

要防止孩子写作业拖拉，父母就应严格要求孩子按照一定的程序给孩子规定写作业的时间，逐渐培养孩子的时间观念。

☆ ☆ ☆ ☆ ☆

一天晚饭后，我到同小区一位朋友家里去。

当时，朋友7岁的女儿正在房间里写作业，我就和朋友坐在客厅沙发上聊天，客厅里的电视同时也开着。

看到孩子在写作业，我悄声对朋友说："要不要把电视关掉，把孩子房间的门关上？以免我们的谈话和电视声音影响孩子。"

朋友连忙说："没事没事，这样我正好可以看着她。我们一边聊天一边看电视挺好的，也不会影响她的。"

我无语，朋友这是在一心三用：聊天、看电视、监督女儿。

就在我们谈话的时候，我时常会发现，朋友的女儿不时抬起头看看客厅这边，看起来不太专心。

每每这时，朋友总会说女儿一句："看什么看？好好写作业，你都写了多长时间了，还没写完，快点写。"

朋友曾经告诉过我，她女儿写作业时总是不专心，非常拖拉。每次作业要写很久，有时要到9点、10点钟才写完，这让她很头疼。

朋友的做法让我很感慨：这种状况下，孩子写作业怎么能不分心？怎么能专注而快速地完成作业？

要改变孩子写作业拖拉的坏习惯，父母就必须要克服以上做法，关掉电视，避免大声讲话，设法为孩子排除干扰，让孩子能够专心而集中精力完成作业。

☆ ☆ ☆ ☆ ☆

说到这里，我想起了一个朋友给我讲过的故事。朋友的表姐有一个读二年级的女儿，写作业常常拖拉。

有一个周末，朋友的表姐有事外出，就将女儿托付给她照管，并让女儿带去了作业本。

那一天，朋友对女孩说："你好好写作业，写完作业我带你到外面去玩。"然后朋友就去忙自己的事情。

听说写完作业可以出去玩，女孩很快就写完了作业。

后来，朋友听表姐说，这些作业量女儿在自己家要写一两个小时，而那一天她只用了二十分钟。表姐告诉她，女儿在家写作业，总是磨磨蹭蹭，每次表姐都要催促她："快点写，怎么写这么慢呢？"

朋友对此很奇怪，觉得女孩在她家写作业并不慢啊，怎么表姐说她总是拖拉呢？于是，朋友就问女孩是为什么。

女孩回答说："在我家里时，妈妈总是给我布置很多作业，很少让我玩，所以我就一边玩一边写作业，就会写很久。"

朋友恍然大悟。原来孩子在自己家根本没有玩的时间，就用"克扣"写作业的时间来玩，一边写一边玩，写作业当然拖拉了。

要想让孩子写作业不拖拉，父母就不要给孩子过多的学习任务，而要把玩的时间还给孩子。让孩子在完成作业后，可安排自己喜欢的活动，写作业时才能精神愉悦。

☆ ☆ ☆ ☆ ☆

孩子写作业拖拉是个普遍现象，也是让很多父母头疼的事情。事实上，这是孩子缺乏时间观念的一种表现，也是孩子书写动作还不很熟练且快速的表现。

对此，父母不要焦急，而要有耐心，慢慢培养孩子的时间观念和熟练协调的书写能力。

要做到这一点，父母可为孩子规定完成作业的时间，帮孩子安排有序的作业、生活程序，给孩子安静、没有干扰的环境，让孩子集中注意力写作业。

孩子成绩不好
——教孩子科学的学习方法

父母要根据孩子的特点，帮助孩子找到适合自己的学习方式，并设法创造条件，让孩子通过自己喜欢的方式进行学习。

我们小区有一个叫腾越的女孩，她与小语在一个学校，一个年级，但是不同班。

偶尔，腾越会来找小语一起玩或温习功课，腾越给我的印象是，她学习很刻苦，很努力，成绩却不是很好。

有一次，在小区散步时，我遇到了腾越的妈妈，我们俩就聊起了孩子的学习情况。

腾越妈妈对我说："我家孩子脑子比较笨，她其实从小就很乖，学习也很刻苦、努力，可学习成绩就是不好。马上就要考大学了，我真担心她这样的成绩能不能考上大学。"

听了腾越妈妈的话，我对她说：

"我觉得，不是腾越脑子笨，而是她还没有找到有效的学习方法，使得她的学习潜能没有发挥出来，学习效率不高，学习效果也不好。

"就像到另一个城市去，有人步行去，有人骑自行车去，有人坐火车去，学习方法就好比我们采用的交通工具，采用不同的交通工具，到达目的地的时间和效率是不一样的。"

腾越妈妈笑了，说："这么一说，还真有点道理。你有什么好的学习方法吗？"

接下来，我跟腾越妈妈讲了一些有助于孩子提高学习效率的学习方法。

好成绩还是要有好方法，尤其是在孩子课业繁重、所学知识内容繁多时，有效的学习方法就很重要了。父母不要只是督促孩子一天到晚地学，更要帮助孩子找到有效的学习方法。

☆ ☆ ☆ ☆ ☆

邢女士是一个朋友介绍给我的客户，她的儿子读初中，很聪明，但是不爱上课、不爱看书学习，因而学习成绩也不是很好。

但是，邢女士对儿子的期望很大，她希望儿子能在学业上取得优异的成绩，考取一所好大学。

邢女士带儿子来找我的目的，是希望我能帮助她儿子改变“学习不认真的态度”，提高他的学习成绩。

经过与邢女士儿子的交谈，我发现他基本上是个动作型学习者，也就是喜欢通过动手操作、实践或参与实际活动等方式来进行学习。

我想，传统的教育方式并不太适合邢女士儿子这样的学习者，安安静静地坐在桌前看书、学习，对他来说可能是一种痛苦，所以他上课时很难坐得住。

了解了这些情况，我对邢女士和她儿子说：“您儿子不是学习态度不认真，只是他不太喜欢课堂讲授、通过书本学习这种方式，您可以帮儿子找到更适合他的学习方式。”

“什么方式呢？”

“您儿子属于动作学习者，您可以教他通过动手实践或参加活动来学习。比如通过讲故事、演小品来学习语文、英语，通过做实验、动手操作学习理化、计算机类课程，进行社会调查、旅行等。

当然，不可能所有的学习内容都有机会采用这种学习方式，但适当地增加这样的学习方式，可以提高他对学习的兴趣和积极性。”

说到这里，坐在一旁的邢女士的儿子开心地笑了，他摩拳擦掌，跃跃欲试，说：“我就喜欢做这些事，喜欢动手，一天到晚坐在课堂上真是无聊死了。”

每个孩子的特点和喜好不同，也都有适合自己的学习方法。如有的孩子是听觉学习者，喜欢通过声音、听课来学习；有的孩子是视觉学习者，喜欢通过图片、观察、阅读书本等方式来学习等。

父母要根据孩子的特点，帮助孩子找到适合自己的学习方式，并设法创造条件，让孩子通过自己喜欢的方式进行学习。

☆　☆　☆　☆　☆

小松上了初中后，学习英语时，他很厌烦记那些英语单词，总埋怨记不住。

因为记不住单词，小松对英语学习越来越没有兴趣，越来越不喜欢学英语，英语成绩也越来越差。

有一天，我在阳台上向窗外张望，思考着怎样帮助小松提高学习英语的兴趣和热情。

看到楼下那棵树的高大树冠，我突然想起了自己中学时学习英语的一些方法。

于是，我来到小松的房间，要求他在一张纸上画了一棵树。然后，我一边凭借记忆，同时依靠英语词典，将树冠、树枝、树干、树叶、树根等树的各个部分的英语单词都找出来，写在小松画的树的相应部位。

“看看这样记单词效果怎么样，你头脑里有一幅树的图画，树的不同部分都有相应的英语名称，把这些名称安放在你头脑中图画相应的位置……”

我指着树的各个部分和相应的英语单词，给小松讲解如何更高效地记忆英语单词。小松运用我的方法，果然很快就记住了那些有关树的英语单词。

然后，我和小松又一起寻找其他快速记忆英语单词的方法，比如谐音记忆，“sofa——沙发”，联想记忆，对比记忆等。

我们又扔下书本，观察房间里的各种事物，和小松一起学习这些事物的英语表达方式，还不时用英语进行简单的对话。

那天上午，我和小松就这样一起摸索着学习英语的好方法，而这些学习方法也让小松觉得很新鲜，他兴致很高。

后来，我有时间就用这些学习和记忆方法和小松一起学习英语，而他也逐渐对学习英语产生了兴趣。

有效的记忆方法可以帮助孩子提高学习效率和效果，从而给孩子更多学习上的成就感。父母不能因为孩子成绩差，就把孩子当做“问题孩子“，而是要设法帮助孩子找到更有效的记忆方法。

☆　☆　☆　☆　☆

小学孩子要重点培养学习兴趣和学习习惯，中学的孩子由于课程较多，还需要掌握更有效、更科学的学习方法，以便提高学习效率。

父母不要只是督促孩子花更多时间去学习，不要只是要求孩子埋没在书海、题海中，更重要的是，父母要教给孩子科学的学习方法，让孩子的学习达到事半功倍的效果。

第九章

解决人际问题，帮助孩子成功地融入社会

谢谢阿姨帮助我
——培养孩子的文明礼仪习惯

培养孩子的文明礼仪，父母首先要提高自己的礼仪意识，以身作则。用自己的言行影响他，并在生活中按要求坚持严格地训练他，逐步培养他的文明礼仪习惯。

几年前去看一位从国外回来的朋友，开门的是她九岁的女儿。她礼貌地说道："阿姨，请您进来，我妈出去了，您得稍等一会。"又从鞋柜里给我拿出拖鞋来。

我刚坐下，她就过来问我："阿姨，请问您是喝茶还是喝咖啡？"

我笑道："就喝水吧。"看她小，就跟着她来到饮水机前，对她说："我自己接吧。"

她把杯子递给我，真诚地对我说道："谢谢阿姨帮助我。"

在她妈回来之前，她一直在客厅里陪着我，很认真地听我讲话，我问她话时，她微笑着，一一回答我的问题。

和这个九岁的女孩说话，让我感觉到非常舒服、快乐。她的礼貌、她的言谈，她的真诚，她的热情，让我不由自主地喜欢上了她。

直到她妈妈回来后，她才礼貌地向我道别，回自己房间忙去了。当我向朋友夸她女儿有礼貌时，忍不住问道："你从什么时候开始对她进行这方面的教育的？"

朋友说道："她三四岁时就开始教她，为了让她感受文明礼仪的氛围，我和丈夫会带她去拜访朋友。平时会告诉她，对人说话时要真诚，要发自内心，这才是对人最起码的尊重。”

父母教孩子使用文明礼貌用语时，一定要让孩子做到态度诚恳、亲切，力求达到每句话简洁得体，既不能草草应付，也不能机械性地重复。

☆ ☆ ☆ ☆ ☆

小语小时候，我常对她说：“要向帮助你的人道谢；有人求你帮忙时，只要能做到，就要尽力去做，若是中途有变化，实在不能做时，要及时与对方联系，并向对方表达你的歉意。”

有一次，小语事先和要好的同学约好，在同学生日那天陪她。不巧的是，同学生日这天早上，小语突然发高烧，不能去同学家了。

为了不让同学空等，我对小语说：“你今天不能去同学家了，我帮你给她打个电话，告诉她你生病的事情。”

丈夫说：“没必要打电话吧，她同学在饭店庆贺生日，亲戚朋友可能很多，少一个人也看不出来的。”

听了丈夫的话，小语也有点动心，说道：“嗯，那么多人，她可能记不起我来了。”

我说道：“不要管别人如何，你既然和她有过约定，就要信守承诺，做不到时就要提前打个招呼，这是对人的一种起码的礼貌。”

小语想了想，对我说：“妈妈说得对，应该和她说一声，谢谢妈妈的提醒。”

我帮小语拔通她同学的电话，小语第一句话就是：“祝你生日快乐！”接着歉意地说：“真对不起，我今天病了，不能过去陪你过生日了。为你买的生日礼物，等我病好了再送给你。”

小语的一番话，让她的同学很感动。

后来同学对她说：“我生日那天虽然来了很多人，但我一直在等你，等着你和我一起吹灭生日蜡烛。接到你的电话后，我在失望之余，却为你的行为感动，觉得你是个可交的朋友。”

父母要教孩子谦虚礼让、诚实守信、举止大方、言行文明等行为，教育他平时要注意自己的言行，尽量减少给别人造成的不便。

☆　☆　☆　☆　☆

几年前，在公交车上，曾目睹过这样一件事。因为坐车的人太多，一个男子把十来岁的儿子强行从窗户里塞进去。紧接着，他也从窗户里钻了进去。

售票员很生气，说道：“你一个大人，怎么这么不懂事，带着孩子钻窗户多危险。”

“你管得着吗？我的孩子危险与你有什么关系吗？”那个男子说道。

售票员让父子俩买票。男子说：“我昨天买过票了。”停顿一下又说道：“这么多人，我连个座位也没有，凭什么还让我花钱买票？”

他儿子在一旁说：“我爸说得对，没座位不能买票。”

当时，车上很多人冷冷地看着这对父子。车到半路上，男孩突然脸色苍白，有个乘客忙给他让了座位，有的乘客拿出手纸和塑料袋，有的乘客还拿出了矿泉水。

在大家的帮助下，男孩不再晕车，男子有些感动，让男孩说“谢谢”。

没想到男孩竟然说道：“我不说，他们是怕我吐在车上，味道不好，怕熏他们才帮助我的。”

男子训他：“你真不讲礼貌。”

男孩大声地说：“这是你说的，你说帮助人的人，都是为他们自己。”

男子生气地说："胡说，我什么时候说过。"

男孩说："上次你喝醉了，出租车司机送你回家，没有要钱，你说那司机是怕你耍酒疯打他，才送你回家不敢要钱的。"

男子听后，脸红耳赤，再也说不出一句话来。

身教大于言传，父母要想让孩子讲礼貌，就要为他创造文明的环境和氛围，以身作则，在他面前做出良好的品行，因为父母不经意间的举止，无意中说的话，孩子都会记住并模仿去做。

☆ ☆ ☆ ☆ ☆

礼貌的言行可以拉近自己和他人的心理距离，懂礼貌的孩子人见人爱。因此，父母要从小培养孩子讲礼貌的好习惯，教导他在得到别人的帮助时，要真诚地向对方表示自己的感激之情。

培养孩子的文明礼仪，父母首先要提高自己的礼仪意识，以身作则。用自己的言行影响孩子，并在生活中按要求严格地训练孩子，逐步培养他的文明礼仪习惯。

那些同学很讨厌
——教孩子掌握交往的原则和方法

善于与他人交往的孩子，为人处事方面都是很得人心的，这让他不但能从容地与同龄人交往，还能与包括老师在内的成人交往，对他以后的学习和以后的发展会有很大的影响。

小语刚上初一时，常向我抱怨她班上的同学不好交往，并说道："妈妈，我想转学，不想在这个学校上了。"

我奇怪地问："你前几天不是说挺好的吗，说学校的老师课讲得棒，又离家近——"

她气愤地说："可那些同学很讨厌啊，他们很自以为是，一个个觉得自己很不了起，老对别人指手画脚的。"说着讲起前两天发生的一件事情。

班里调座位时，把她和一个数学很差的女生分在一起，她想调换，求了好几个同学，人家好像商量好了一样，都拒绝了她。

她生气地说："我看她们是存心的，就想让我和差生在一起，到时也让我成为差生。哼，她们坏着呢。在这个班里，我是不会找任何人做朋友的，她们都不配。"

我笑着说："你既然不想和差生同桌，为什么不想办法把她变成优秀生呢？"

她有点懵了，说道："我又不会变，怎么会把差生变好呢？"

我说："我说你会变你就会变，依你的数学底子，依你学数学的经验和窍门，只要用点心，多给你同桌补补课，没多久，她就成为你想要的同桌了。"

她听明白我的话后，说道："凭什么啊，凭什么让我教她。"

我说："同学之间，要互相帮助，当你主动伸出热情的手时，换来的将是温暖的友谊，同时你也能享受帮助人的快乐。不信，你就试试。"

她没有说话。但从那以后再没有抱怨过同学不好。有一次我故意问她："我托朋友给你在找学校，已经找的差不多了。"

她听后却说："别给我找了，我已经适应了这个学校。"停了一会又说："我舍不得我的同桌，还有几位好朋友。我们约好，以后上高中还要在一起呢。"

看我不解的样子，她说："是这样的，我帮同桌和几位好朋友补数学，她们帮我补物理、化学，这次期中考试，我们都进步很大。"

助人为乐最容易赢得人心。在孩子与人交往时，父母要教育他多帮助、关心他人，让他从力所能及的小事做起，同时要指导孩子正确的交往观念和方法，这样才能提高他的人际交往能力。

☆ ☆ ☆ ☆ ☆

论坛上，有个妈妈忧心忡忡地给我留言说："我真怕儿子成为高智商低情商的人，他的交际能力太差了。"

这个妈妈的儿子上初二，成绩稳居班里前三名。但他在与同学交往方面的能力却很差，可以说没有一个谈得来的朋友。

在后来的聊天中，我发现那个妈妈就住在我家附近，就鼓励他带儿子来我家玩。后来，她也带着儿子应邀而来。

因为男孩和小松同级，我就让小松陪他聊聊。这个妈妈担心地问我："我儿子脾气不好，别和你家小松吵起来。"

我笑着说："不管他们，我们聊我们的。"

吃中午饭时，小松和男孩边说边笑地从房间出来，吃饭时，俩人还挨在一起坐着。那位妈妈很惊讶地说："我还以为你俩合不来呢。”

小松笑着看一眼男孩，说道：“怎么会呢，他那么懂事，知道的事情又多，和他在一起，我也能学到很多东西。”

听了小松的话，男孩脸红了，说道：“哪儿有你说的那么好，我只是书读得多一点儿而已，你电脑用得那么熟练，还教我学了很多。”

那位妈妈看看小松，又看看儿子，说：“要是小松不说，我真的还不知道儿子有这个优点呢。”

小松奇怪地说：“他这么多优点，你居然看不到，也太大意了吧。”

我笑着说：“我现在知道你们为什么聊得来了，就是因为你们在互相欣赏啊。”

欣赏是人际交往原则的一个相对面。谁都希望在交往中得到对方的支持和认可，孩子也一样。所以，父母要教孩子学会欣赏别人，这样很容易获得对方的好感。

☆　☆　☆　☆　☆

小语班上有个女孩活泼开朗，爱说爱笑，人长得也很漂亮。平时特别喜欢和人交往，但她的朋友很少，班里的同学，都不愿意和她交往。

原来，这个女孩有一个毛病，就是爱讲话，而且不爱听别人讲话或提建议。当别人说话时，她从不集中精神听，常常插嘴或是打断别人说话。

有一次，女孩和几个同学结伴到外面玩，自由活动之前讲好了在公园门口集合。但因为她从不认真倾听别人讲话，也就没有听清具体在什么地方集合。

因为玩得高兴，她和大家走散后无法联系，只得一个人回家。没想到大家以为她丢了，在约定好的地方等了很久，实在等不到了才回家。

怕她没有回家，大家又去她家去看。得知她早回来后，大家对她的印象更差了，都说她太自以为是，根本不顾及别人的感受，说她“不可交”。

从那以后，再没有人愿意和她一起玩。

听人说话也是一种交往方式，良好的倾听既有利于人际交往，也能获得人们的好感。因此，父母要教育孩子做个忠实的听众，这是人际交往中最基本的要求。

☆ ☆ ☆ ☆ ☆

善于与他人交往的孩子，为人处事方面都是很得人心的，不但能从容地与同龄人交往，还能与包括老师在内的成人交往，对孩子以后的学习和发展会有很大的帮助。

父母要从小重视培养孩子与人交往的能力，让他成为活泼开朗、健康自信、乐于与人交往、善于和人沟通的人，这会让孩子受到人们的欢迎和喜爱，并且更容易适应新环境。

她把我的玩具摔坏了
——教孩子学会宽容和理解

要想让孩子具有宽容的品性，父母在他很小的时候就得加以培养。当他与同伴交往时，你要引导他多看到同伴的优点，多原谅同伴的缺点。告诉他，与人相处，要学会容人之短。

小松班上有个男孩，因为个子矮，性格内向，常常被同学戏弄，每次他穿件新衣服，班上一些调皮的男生就故意给他弄脏。

有一次，他背着新买的书包去上学，班里几个男生，课间趁他不在，就往他的新书包里装了很多泥。等他发现后，书包已经变得脏兮兮的了。

回家后，妈妈得知他的书包是同学故意弄脏的时，十分生气，就对他说："以后他们再这么对待你，你就得给他们一点儿厉害瞧瞧。"

他怯怯地说："可我打不过他们。"

妈妈说："那你也这样偷偷地把他们的东西弄脏，被发现了也不要怕，有人骂你你就还手，狠狠地打。要是他们联合起来打你，你就哭着往老师办公室跑。"

男孩照着妈妈说的去做时，那些爱取笑他的同学竟然怕他了，不相信一向老实的他怎么变得这么凶狠。因为他打人很狠，班里的同学没人敢和他交往。

以前他还有几个关系不错的同学，现在他们也躲他远远的。虽然他现在不受人戏弄了，但他却感到了孤独。

父母要引导孩子正确认识交往中的各种矛盾，最好让孩子自己“独自”面对交往上的小问题，并学着自己解决问题。必要时再加以引导，让孩子在交往中学会原谅他人，必要时可以吃点亏。

☆　☆　☆　☆　☆

小语的同学来我家玩，在和小语玩时，不小心把小语的玩具摔坏了，因为那个玩具是小语姑姑从国外给她买回来的，小语特别喜欢。现在看到玩具摔坏，她十分生气。

当时，她同学看到摔在地上的玩具，也吓坏了，连声对小语说“对不起”。小语却气愤地说：“你得赔我，让你爸妈到外国给我去买。”

同学傻眼了，不知所措地说道：“你别告诉他们，他们会骂我的。”

小语大声地说：“难道你摔坏了我的玩具，就不打算赔了吗？”

听到争吵声，我从房间出来，得知经过后，就把小语叫到一边，对她说：“同学来咱家和你玩，说明人家把你当作朋友，不能这么对待人家。”

小语不服气地说：“可她把我的玩具摔坏了啊。”

我说：“每个人都会犯错误的，我们要学会宽容。要是你犯了同样的错误，她这么指责你，还要让你赔，还要向我们告状，你是什么感觉？”

小语脱口说道：“当然很难受了，而且，我以后再不会和她玩了。”

我说：“你看，就这么一闹，不但会让自己失去一个好朋友，还会影响自己的好心情。其实她和你一样不想犯错误。你现在这么对待她，她以后还会和你玩吗？”

小语摇摇头。我接着说：“对待同学，要友好、和气、宽容，不能斤斤计较，这样才能赢得别人的好感。比如说今天摔坏玩具的事情，与同学的友谊比起来，根本不值一提。”

在我的劝说下，小语向同学道了歉，两个人又高兴地在一起玩了。从那以后，小语很少因为一些涉及到自己利益的小事，而和人吵架了。

父母在教孩子宽容时，要让孩子知道，每个人都有缺点和不足，和同学相交，和朋友相处，一定要学会宽容，对同学、朋友的退让，既是宽容和理解，也是为了让自己拥有好心情。

☆　☆　☆　☆　☆

有位开广告公司的朋友，对人特别好，连他的竞争对手也说他是个“宽容大度”的人。他在向我讲起自己的“宽容”时说道：“这都是小时候养成的习惯。”

他小时候，妈妈总是对他说：“和人交往，凡事要看开一些，不要动不动就和人闹别扭。这样的人，没有人愿意和他做好朋友。”他深深地记住了妈妈的话。

有一次，他和几个同学玩时，其中有个同学出了一个主意，说是要玩一个游戏，因为他长得肥头大耳的，就想让他当大坏蛋。怕他不同意，就说要抽签来决定。

他听了，笑着说：“不要浪费时间抽签了，就让我当坏蛋吧。我比你们谁都像。”一句话，把大家都逗乐了。那天他们玩得十分高兴。

说到这里，他笑着对我说：“我提出当坏蛋，是料到即使抽签，他们也会存心让我抽到的。既然在一起玩，就要高兴。快乐是可以传染的，我快乐他们也快乐，他们快乐，我也快乐嘛。”

因为他很随和，什么事不爱计较，同学们都愿意和他玩。他成绩不是太好，但是选班长时，他以高票当选。

面对别人并不是恶意的冒犯，父母要教孩子不要过分计较后果，碰到这种情况，要学会宽容地笑一笑，化干戈为玉帛，这样会使他赢得一位朋友、失去一个敌人。

☆ ☆ ☆ ☆ ☆

宽容是一种美德，是做人的一种风度和境界。宽容的孩子，性情温和，受人拥护，可以消除许多无谓的矛盾。宽容的孩子，长大后更能处理好各种人际关系。

要想让孩子具有宽容的品性，父母在他很小的时候就得加以培养。当他与同伴交往时，父母要引导他多看到同伴的优点，多原谅同伴的缺点。告诉他，与人相处，要学会容人之短。

不抽烟会很没面子
——教孩子选择品行好的朋友

朋友的善恶，关系到孩子一生的成败。父母一定要正确引导他来选择志同道合、品行好、心态好的人做朋友。在朋友的影响下，他才会用一颗健康、阳光的心态来面对人生。

在网上曾经看到这样的故事，一个男孩因为交友不慎而造成了悲剧。

男孩上中学后，因学校离家远，就住了校。没有了爸爸妈妈的监管，他像出笼的鸟一样自由快乐。为了寻找更多的乐趣，他开始广交朋友。

上中学以前，爸爸总是告诫他："朋友不能乱交，要找志同道合的人在一起，不能和有恶习的人结交，不能和品德不好的人结交。"

由于家教严，他上小学时，晚上从来不敢和同学去网吧上网。现在父母不在身边了，他想找谁做朋友就找谁。不久，他就结交了一帮和他一样上网玩游戏的"朋友"。

他和这帮朋友以兄弟相称，关系好到吃喝不分彼此。若是朋友中有一人受到欺负，他们就聚在一起为朋友"出气"，因为他们人多，连高年级的同学也不敢惹他们。

有一次，他最好的一位"兄弟"想买一台笔记本电脑，但手头的钱不够，就想出了一个绑架小孩来敲诈钱的馊主意。他出于"义气"，就和他一起绑架了一个在街上玩的小孩。

因为小孩老是哭闹不配合，他在冲动之下失手掐死了小孩，事后仍然向孩子的父母要钱。小孩的父母以借钱为由拖延时间，同时报了警。

进入监狱后，当他看到探监的爸爸妈妈在一夜间黑发变白发时，想起以前他们对自己的教育，后悔莫及，泪流满面。

父母要引导孩子交一些志同道合的朋友，因为有共同的梦想，在一起交往时，更愿意为理想一起奋斗，这类朋友会成为孩子学习上的合作伙伴，生活中的良友。

☆ ☆ ☆ ☆ ☆

我小时候，爸爸对我说的最多的话是："我们最好的朋友并不是说话最好听的那个人，而是敢当面指出你缺点的人。"

我奇怪地问："一个老说自己缺点的人，怎么会是朋友呢？我和小伙伴玩，要是他们说我坏话，我就不愿意和他们玩了。"

爸爸说："伙伴不等于朋友。朋友是在你痛苦时安慰你，在你得意时往你头上浇凉水，让你清醒的那个人。有的人在你面前永远说你爱听的话，哄得你很高兴，但不会成为朋友。"

因为当时年纪小，虽然嘴上没说，但心里却对爸爸的话充满怀疑。直到我上小学高年级后，有了自己最好的朋友，才有点相信他说的话。

我的好朋友是我的同桌。那时我的成绩好，许多同学都爱当面夸我，惟独她，从不当我的面讲一些我喜欢听的话，总爱说我的缺点。虽然她说得很对，但我心里感到很别扭。

有一次考数学，因为题很难，我的数学仍然考了九十五分，是全班第一。课间时，很多同学围着我夸我。

看我沾沾自喜的样子，同桌说道："你得意什么？才考九十五分，亏你平时还做那么多课外习题。我看你就是太骄傲，才没考满分的。"

她说得很对，我那时仰仗着自己的数学好，加上平时又做了很多练习题，考试时一看到那些类型的题自己做过，心里就有点不把这些题放在眼里，在做题时也就不细心了。

因为她一下子就说出了我的缺点，我心里很不高兴，看我脸色不好，她又说："你别嫌我的话难听，要是不想让我说你，你改掉啊。"

之后每次考试，我总会想起她的话，就不敢太大意了。

父母要帮孩子辨别真正的心灵之友，让他知道，朋友相交，要重视精神层面的给予，看他能不能给自己有益的影响。因为直言的诤友，从精神层面能提升孩子的素养。

☆　☆　☆　☆　☆

朋友发现上初一的儿子，居然偷偷地在学抽烟。事后和他谈话时才知道，他的几位要好的朋友都会抽烟，他要是不会抽，在朋友中就会觉得没面子。

她对儿子说："我觉得一个学生不好好学习，学大人抽烟，那才是真正的没面子呢。不信，你当着同学的面抽一次，看看同学的反应。"

儿子说："我的几个朋友都会抽烟，班里的同学都不敢惹他们，觉得他们很男人。"

她笑着说："真正的男人是需要人来尊重的，不是让人怕的。而要想让别人尊重你，你某一方面就得有出色的能力。"

儿子沮丧地说道："我学习成绩那么差，又没有其他方面的特长。"

她说："只要你愿意，这些都能改变。你喜欢音乐，可以结交这方面的朋友，和志趣相投的朋友在一起，既能学到知识，又能享受到生活的乐趣。"

儿子同意了她的建议，报了一个音乐培训班，在这里他认识了很多和他一样喜欢音乐的朋友，闲暇时，他们在一起谈论音乐，交流对音乐的看法。渐渐地，他的唱歌水平大有提高。

现在学校里有什么娱乐活动，同学们都会选他，还给他取了“歌星”的外号。

当父母发现孩子与品行不良的人交往时，要立刻制止他，并想办法通过健康、积极的手段转移他的注意力，一旦孩子的个人价值得到施展，自然会获得成就感。

☆ ☆ ☆ ☆ ☆

孩子的成长离不开朋友的陪伴，因为朋友在很大程度上会影响到他为人处事的态度和方式。所以，父母希望孩子有什么样的性格或是成为什么样的人，就要让他结交什么品行的朋友。

朋友的善恶，关系到孩子一生的成败。父母一定要正确引导他来选择志同道合、品行好、心态好的人做朋友，在朋友的影响下，他才会用一种健康、阳光的心态来面对人生。

这样的孩子不交也罢
——不要因功利干涉孩子择友

近朱者赤，近墨者黑。父母都不希望孩子有一个不良朋友，以免带坏了孩子。但其实，只要不是本质问题，就不要过多干涉孩子的择友。

父母过多干涉孩子的择友，这也不行，那也不许，不但会影响亲子关系，同时还会让孩子变得不知所措，不知道什么样的人才能成为朋友。

我家附近有一个公园，经常会有一些父母带着孩子到那里玩。为了让孩子玩得开心，父母会为孩子找一些玩伴。

那天，我看到两位妈妈隔着很远就惊叫了一声，仿佛她们早就认识。果然，她们走到一起叙旧时，我听到两个孩子在同一班里学习。两个妈妈在那里聊天，两个孩子就漠然地站在一边，都不和对方打招呼。

其中一个妈妈终于发现了问题，就推自己的女儿和另一个孩子去玩。另一个妈妈也推她的女儿。两个女孩子只好站在一起，一个孩子想了半天，用手指着一个建筑让另一个女孩子看。这两个女孩子就呆愣愣地看着那个建筑物，一句话不说。

两个妈妈觉得奇怪，就问孩子怎么不说话，闹矛盾了吗？其中一个孩子立刻说："莉莉是坏孩子，今天又被罚站了。"那位被称为莉莉的女孩的妈妈脸色立刻就变了，她一把就把自己的女儿扯过来问怎么回事。莉莉哇哇大哭。

另一位妈妈赶紧劝解，但是莉莉妈妈很受伤，撂下几句客气话就走了。她们走时，我清楚地听到她对女儿说："以后别理这个孩子。"巧的是，这位留下的妈妈见莉莉走远了，也对自己的女儿说："妈真没白教你。交朋友就要交积极上进的孩子，这样的孩子不交也罢。"

父母过早为孩子的交往冠上功利色彩，只会让孩子变得自私，而不会产生真情实感。这会影响孩子的情感发育，让孩子变得冷酷，没有人情味。

☆ ☆ ☆ ☆ ☆

表姐不喜欢儿子和一个叫小道的孩子玩，姐姐的理由是，这个孩子总是会指挥小河儿做这做那，就像他是领导似的。但儿子就是喜欢和小道玩，儿子的理由是，和他一起玩，特别有意思。

表姐很生气，经常和我唠叨："为什么你家小语和人交往，就总是能领导别人，我儿子却总是扮演被人领导的角色呢？"

"你希望儿子将来做领导吗？"我问表姐。

"我才没那么傻，这么早就给孩子一个定型，给孩子压力。"表姐马上否定。

"那你希望儿子快乐吗？"

"当然，这不是唯一的愿望吗？"

"那么，就不要再说什么了，只要儿子快乐就行。你怎么知道不是你儿子的快乐和宽容在领导小道呢？别用成人的思维去看待这个问题。"

表姐虽然一下子接受不了这种说法，但也不再唠叨这件事了。

过了大约一个月，表姐又提起这事，她很兴奋地说："你不愧是做教育的，就是观察得入微。我发现，那个小道非常自卑，几乎没人跟她玩。我儿子给他领导自己的权利，让他获得自信。从这个角度看，我儿子真不是一般人。"

我知道表姐又有其他想法了，无奈地说："姐，你怎么老想着你儿子要成为领导才舒服呢？你就不能抛开自己的思想，不带任何观点看孩子的交往问题吗？”

任何一个生命体都是崇尚自由平等的，孩子也不例外。真正的友情一定是在平等的状态下建立的，如果感觉到不平等，孩子自己就会撤出了，不用等到父母干涉。

☆　☆　☆　☆　☆

新搬来的小方妈妈知道小语和自己的女儿玩得很好，就经常给小语买礼物，告诉小语：“你是她最好的朋友，你一定要好好待她。”小语不喜欢接受礼物，她很不客气地对小方妈妈说：“您不要误会，我们只是玩伴，不是好朋友，她有自己的好朋友。”

小方妈妈很诧异，以为小语不喜欢小方，着急地问：“小方是不是有什么缺点？你告诉我，我让她改。”小语有些烦了，说：“阿姨，您能不能不干涉我们之间的事，我们玩得很好，只是不是好朋友。这没有什么问题啊？您别把它看成是坏事。”

我虽然不喜欢小语的这种说话态度，但我支持小语的观点，我告诉小方妈妈：“小方已经迈出了第一步，她学会了如何与人交往。接下来的问题，她会自己解决，您就别干涉了。”

当孩子走入人群中，父母就不要过多干涉。因为孩子不光是在玩，也是在学习，在整理自己，完善自己。孩子会自己找到朋友，自己选择玩伴。孩子的心里对朋友也有等级之分，父母不要用自己的观点强迫孩子改变自己对朋友的分级。

☆　☆　☆　☆　☆

孩子选择朋友的原则之一就是快乐，而不会想谁领导谁的问题，也不在乎自己在朋友那里扮演什么角色，更不在乎朋友学习的成绩好坏、前途是否无量。快乐就好，这才是最淡定的交友原则。父母不要用自己的经验，干涉孩子的交友，给孩子的友情冠上功利色彩。

孩子之间有矛盾
——大人不介入，让孩子自己解决

孩子之间的矛盾得他们自己解决才行，父母千万不可以代替孩子去解决矛盾。因为这样只会助长孩子的“社会交往萎缩症”，使孩子始终学不会如何与人交往，一辈子受牵累。

孩子的交往总是伴随着矛盾的。当孩子产生矛盾的时候，他可能会哭着向父母求助，说自己受到了欺负，请父母替自己出气。这时候父母要学会把孩子推出去，让孩子自己解决矛盾。

晓亮在小区和小伙伴一起玩发生矛盾时，经常哭着找表嫂，表嫂就会勃然大怒，出去一通大喊，把欺负晓亮的男孩吓走。

时间长了，晓亮就觉得很不是滋味，因为小伙伴都走了，他就没有玩伴了。妈妈是不可能和她玩的，她只能一个人抱着布娃娃玩。晓亮很沮丧，就打电话，让小语去他那里玩。

小语领着晓亮到小区里健身器材那里玩。那里的小伙伴很多，晓亮很高兴。但是小伙伴们看到晓亮来，会表现得非常不友好，有一个特别淘气的男孩还会偷着推晓亮。

晓亮在妈妈的维护下，已经变得很娇气。遇到这种情况，就会大哭着喊小语，说谁谁欺负他了。小语跑过来看看晓亮，就会对那个男孩发出挑战：“你愿意和我掰腕子吗？如果你赢了，我就让你把我推倒，不还手。否则，我要你就向晓亮道歉。”

那个男孩和小语差不多大，哪里会示弱，马上接受挑战。小语立刻就找个平台，摆上擂台。晓亮在旁边害怕地拉着小语的衣角，表示要走。小语很大气地说：“不怕！我要让他以后再也不敢欺负你。”

据小语的事后叙述，失败的男孩对小语心服口服，心甘情愿地向晓亮道歉，并邀请晓亮一起玩。

后来，晓亮就慢慢学会了和伙伴交往。

如果孩子受欺负，父母就跑出来帮助孩子，那么孩子就会变得懦弱，不但会失去朋友，同时还会失去和朋友平等交往的能力，要么永远不和人交往，要么就只会妥协和逃避。

☆　☆　☆　☆　☆

小语说她们班上有一个叫萌萌的孩子，经常被大家孤立。小语很不理解，有人说萌萌太自私。小语很有一股正义范儿，就说：“这个世界上有谁不自私吗?”小语决定扮演正义之神，她不怕犯众怒，义无反顾地和萌萌成了朋友。

但几天后，小语就宣布和萌萌绝交。确切地说，是萌萌宣布和小语绝交。萌萌的理由是小语太腻了。小语很生气，就问萌萌“太腻了”是什么意思，但萌萌根本不理小语。小语生气地说：“大家都反对你，我支持你，为什么你还对我这样?”萌萌依然不睬。

小语就不再和萌萌玩了，但依然对萌萌不理她耿耿于怀。小语告诉我，她就喜欢萌萌那种不为别人迁就自己的态度。对此，我不置可否。

孩子的交往和过家家差不多，一会儿好了，一会儿又吵起来了。通过这种方式，孩子可以发展自己的判断能力，完善交往能力。只要孩子有自己的主张，父母就不要过多干涉。

☆　☆　☆　☆　☆

严兴利和孙洪波曾经是一对好友，两人有共同的爱好：篮球、武术和电脑游戏。但有一段时间，他们却谁都不理谁。有学生告诉我，他们之间没什么矛盾，而是他们的妈妈之间产生了分歧。

这让我很诧异，就详细了解了一下情况。

原来，严兴利的妈妈在父母 QQ 群里组织了一场烧烤活动，有七八个人参加了这次活动。开始活动那天，孙妈妈公司临时有事，就把孙洪波交给了严妈妈。

孙洪波和严兴利也准备好了一个游戏，那就是在树林里躲猫猫。吃完烧烤后，两个孩子就号召其他的孩子加入游戏。孩子们很快就在树林里四散走开。树林虽然小，但是孩子藏进去也很难找。

正在和大家收拾器具的严妈妈看到孙洪波往树林里跑，立刻喝止他。但孙洪波听若未闻，继续往森林里跑。严妈妈生气了，丢下器具，就跑去抓孙洪波。孙洪波尖叫着跑向河道的堤坝上。一不留神，一脚踩到了一个石块上，一下子滑进了水渠里。

严妈妈吓坏了，赶紧呼喊众人过来救孙洪波。水渠不深，孙洪波很快就被人救上来了。但是小腿却骨折了，必须要做手术。

孙妈妈赶来后，第一句话就是埋怨严妈妈怎么没有看好孩子。严妈妈本来一肚子委屈，组织活动费时费力，还要自己掏腰包，没想到却出了这么一档事，就给孙妈妈撇下治疗的钱，赌气走了。回家后，就让严兴利和孙洪波断交。

父母之间的恩怨很容易影响孩子的交往，会成为孩子的负担。所以，不要因为父母之间不和，就挑拨孩子之间的关系。

☆ ☆ ☆ ☆ ☆

交往就意味着个性的碰撞，自然会产生各种矛盾，这种矛盾能让孩子重新衡量自己与伙伴们的相处方式，摆正自己的位置，协调和伙伴们之间的关系。所以，让孩子自己解决交往矛盾，有助于孩子个性的发展。

孩子是不是早恋了
——教孩子学会正确与异性交往

和异性朋友交往，一直是父母们敏感的一个问题，特别是家有青春期儿女的父母们更是如履薄冰，严阵以待。其实，孩子需要和异性朋友交往，否则，孩子的世界就是有缺陷的。

和异性朋友交往，是孩子的正常交往需要，父母不能因为害怕孩子学坏，就阻止孩子。要知道，教育孩子，宜疏不宜堵。

我的教育心理学导师曾经接到过一封求助信，信是一位妈妈写来的。信中这样写道：

“我儿子6岁半了，马上就准备上小学了。我开始尝试着把他当成大孩子看待了。那天晚上，我发现他在被窝里用手拨弄了几下小鸡鸡，小鸡鸡就硬起来了。我很惊讶，但因为接触过一些性教育知识，也就没放在心上，还故意逗儿子：‘小鸡鸡怎么了?’儿子的回答让我大惊失色，他说：‘想美女了!’

“我当时吓坏了，但又想孩子不可能知道这些，就询问他谁说的？儿子说：‘没人说’，说着，还指了指小鸡鸡，说：‘它自己想，我也没办法。’

“我很担心，这么小的孩子怎么把性器官的勃起与异性联系起来，是否有坏人教唆，这正常吗？我还发现，我的儿子就喜欢和小女孩玩。如果小女孩很漂亮，他都愿意把不给人看的玩具拿出来给她玩。这是不是早恋?”

我导师给这位妈妈回信说：

“儿童在3岁左右就开始对异性有爱恋的意识和行为。3～8岁的男孩和女孩之间，会发生一些爱情的行为，这属于正常现象，说明孩子已经有了性意识。此时父母要做的就是给予孩子性方面的教育，而不必担忧孩子和异性交往的问题。”

当孩子与异性交往出现了一些类似于爱情的情绪时，父母要做的不是阻止孩子，而是要给予孩子正确的性教育。

☆ ☆ ☆ ☆ ☆

小语刚上高一不久，就带回一个令人震惊的消息，她班里的苏木和孙迪是一对情侣。她表情夸张地在餐桌上宣布了这个消息后，小松很感兴趣，立刻问：“他们是订的娃娃亲吗？”

丈夫斥责小松：“别乱说。”小松伸了伸舌头，问小语：“你怎么知道他们是情侣，现在学校约束这么严格，难道他们还会公开恋爱？是不是活得不耐烦了？”我正在喝水，听了小松这话，一口水喷出来，正喷到小松的脸上。

小松愤怒地看着我说：“妈，你有意见就说。我说的不对吗？你们老师天天就知道说，不要早恋，男女生要注意保持距离。”小松故意拿腔拿调地说，丈夫在旁边哈哈大笑。我正色道：“你见过冬天有花儿开吗？老师只是不希望花儿在不该开放的季节开放。”

小松立刻辩驳道：“冬天不是有腊梅花开吗？‘墙角数枝梅，凌寒独自开’，这不是赞美梅花在冬天开放的吗？梅花要开放，即使寒冬再冷，也阻止不了。这是一种精神，有抗争才有生存。”

小语立刻追问道：“小松，你说，是不是你有女朋友了？不然你怎么会借机向妈妈宣战呢？你这是提前打伏笔呢，是不是？”

我和丈夫同时看着小松，小松连连摆手道：“小语你别使坏行不？要你这推论，你宣布这个消息是不是也是为自己的早恋打伏笔呢？”

战斗打响了，姐弟俩的唇枪舌剑越来越厉害。我和丈夫不得不出来维护秩序。丈夫说：“我不主张你们避开和异性交往的。妈妈也不会这么做的。是不是?”我连头表示同意，丈夫继续说道:“但是要发展情侣关系，还要再等个十年八年的，你们看如何?”

小松立刻说:“这还用说，我绝对支持爸妈，我有好几个女朋友，但没有早恋迹象。我们都是普通朋友。”小语也点头表示同意。

父母越是能民主对待孩子与异性交往问题，孩子产生早恋现象的几率就越低。当孩子能自如应付和异性之间的关系，就不容易发生早恋。

☆ ☆ ☆ ☆ ☆

再说苏木和孙迪，他们很快就成了全校的知名人物。学校通报父母，但一找父母才发现这两个孩子的问题所在。原来，苏木和继父生活在一起，经常遭受打骂，而孙迪是孤儿，和姑母一家生活在一起。同病相怜使得两个孩子走到了一起，并急于抓住这种感情。

校长召开全校大会，把这两个孩子请到前面，告诉他们:“我看好你们。如果你们在二十二岁之后依然相依相偎，那么我愿意做你们的证婚人。但是现在，你们得打起精神，因为未来的路很长，你们现在必须要为未来做好准备。”

这件事让全校的孩子都很兴奋，却让很多父母心惊，父母发现孩子们不再避谈早恋，甚至积极和异性交谈、交往。我不担心，我知道，孩子们会走好这段路。

得不到父母关爱的孩子最容易早恋，强迫分开，只会适得其反。倒不如鼓励孩子，让孩子以未来为目标，走好现在。

☆ ☆ ☆ ☆ ☆

打开报纸，每天都会看到交通事故，父母不会因此而不出门。那么父母又凭什么阻止孩子和异性交往呢?孩子需要和异性交往，从而在这个过程中，认识自己的角色，发展自己的个性。